Italiens kulinarische
Landschaften

EMILIA ROMAGNA

Italiens kulinarische Landschaften

EMILIA ROMAGNA

R. Gioffré und G. Ganugi
Foodfotos von Marco Lanza

CHRISTIAN VERLAG

Aus dem Englischen übersetzt von Natascha Afanassjew für GAIA Text, München
Satz und Produktion: GAIA Text, München
Umschlaggestaltung: Horst Bätz

Copyright © 1999 der deutschsprachigen Ausgabe by Christian Verlag, München

Dieses Buch mit dem Originaltitel *Flavors of Italy – Emilia Romagna* wurde entwickelt von McRae Books Srl, Florenz

Copyright © 1999 McRae Books Srl, Florenz
Text: Mariapaola Dèttore
Fotos: Marco Lanza
Styling: Rosalba Gioffré
Design: Marco Nardi

Druck und Bindung: Grafiche Editoriali Padane
Printed in Italy

Alle deutschsprachigen Rechte vorbehalten

ISBN 3-88472-368-5

HINWEIS
Alle Informationen und Hinweise, die in diesem Buch enthalten sind, wurden vom Autor nach bestem Wissen erarbeitet und von ihm und dem Verlag mit größtmöglicher Sorgfalt überprüft. Unter Berücksichtigung des Produkthaftungsrechts müssen wir allerdings darauf hinweisen, dass inhaltliche Fehler oder Auslassungen nicht völlig auszuschließen sind. Für etwaige fehlerhafte Angaben können Autor, Verlag und Verlagsmitarbeiter keinerlei Verpflichtung und Haftung übernehmen.

Korrekturhinweise sind jederzeit willkommen und werden gerne berücksichtigt.

Inhalt

Einleitung 7

Antipasti 14

Primi Piatti 32

Secondo Piatti 60

Verdure 88

Dolci 100

Reisetipps 118
Register 119

Spezialitäten und Feste

Piadina: Köstliches Fladenbrot 22

Parmesan 40

Frische Pasta 46

Die Weine der Emilia Romagna 68

Cristoforo Messisbugo am Hof der Herzöge von Este in Ferrara 76

Parmaschinken und andere luftgetrocknete Fleisch- und Wurstspezialitäten 84

Balsamessig: Schwarzes Gold 92

Artusi: der Vater der italienischen Küche 110

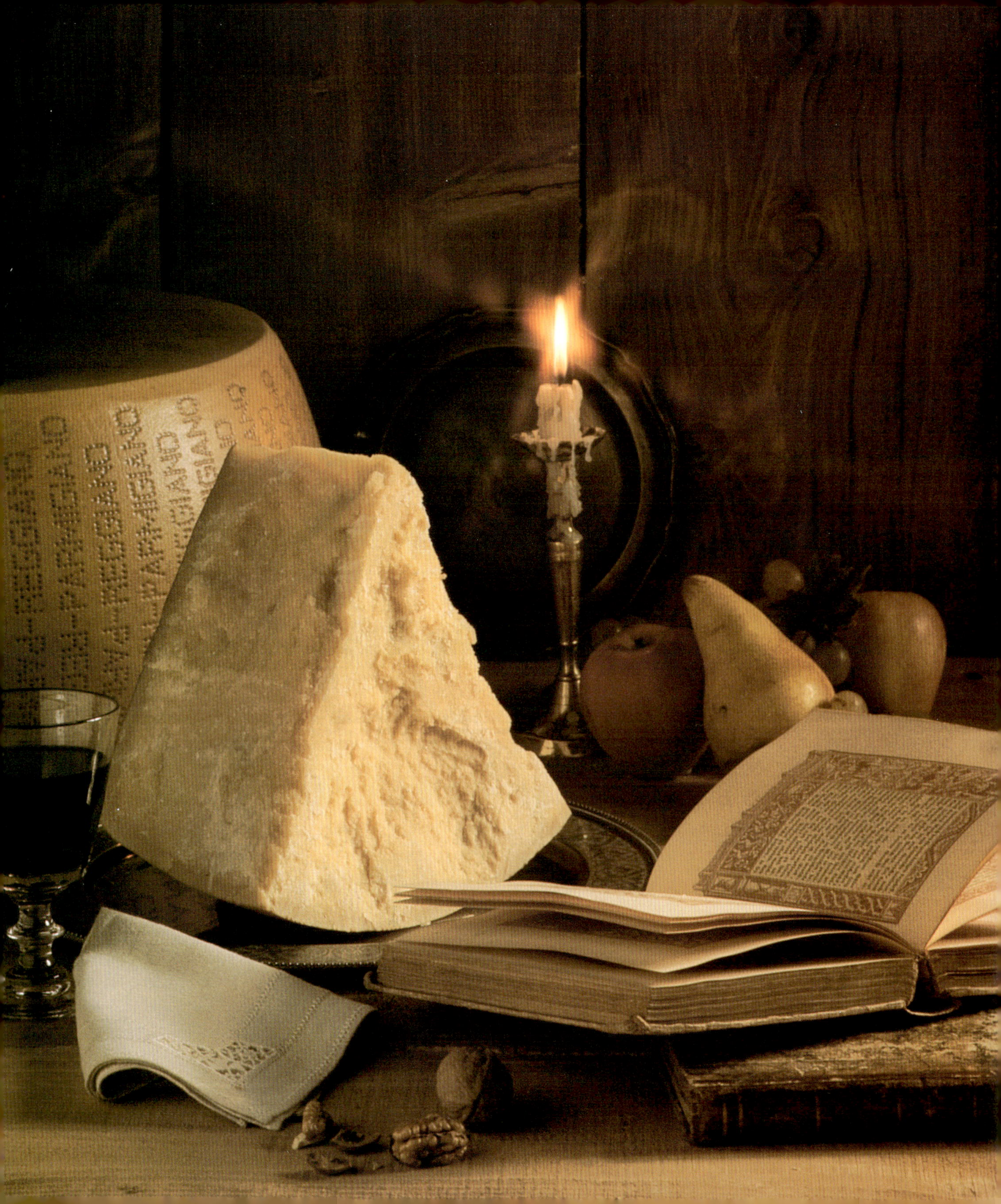

Einleitung

Obwohl die Emilia und die Romagna heute eine Region bilden und die Bewohner einen ähnlichen Dialekt sprechen, wenn auch mit stark abweichenden Beugungen, unterscheiden sich ihre Geschichte und Traditionen doch in vielerlei Hinsicht.

Die Emilia mit ihren Provinzen Bologna, Modena, Reggio Emilia, Parma und Piacenza im Landesinneren ist von alters her eine reiche, hochproduktive Region. Die fruchtbare Poebene sicherte dem Gebiet stets die höchsten landwirtschaftlichen Erträge in ganz Italien. Ihre Bewohner sind wahre Lebenskünstler mit einer sanften Sprache voller Musik: Guiseppe Verdi und Arturo Toscanini stammen beide aus der Emilia. Vielerorts wird das Fahrrad noch immer dem Auto vorgezogen, kunstvoll präsentieren die Restaurants regionale Produkte, und überall spiegelt die Gastronomie den Charakter der Bevölkerung wider: vielseitig und fein, üppig und einfach, bäuerlich und bodenständig, aber stets mit Finesse.

In der Emilia werden große Mengen geräucherter Fleisch- und Wurstspezialitäten und Käse produziert. Sie ist die Heimat des weltberühmten Parmesans und des hervorragenden Parmaschinkens. Berühmt sind auch ihre Pastaspezialitäten, von denen die *tortellini* vielleicht am bekanntesten sind. Die vielen verschiedenen Pastasorten werden meist mit Eiern hergestellt und oft mit Fleisch- oder Gemüse-, Kräuter und Ricottamischungen gefüllt. Jede Stadt besitzt ihre eigenen Spezialitäten, selbst Dörfer, die nur wenige Kilometer voneinander entfernt sind, verfügen über recht unterschiedliche Kochtraditionen. Aus Bologna stammt eine der berühmtesten Fleischsaucen: der klassische *Ragú alla bolognese*.

Die Romagna, zu der die Provinzen Ferrara, Ravenna, Forlì und Rimini gehören, erstreckt sich im Osten der Emilia entlang der Adria. Bis zum 19. Jahrhundert zählte die Romagna zum Kirchenstaat. Die tyrannische und unerbittliche Herrschaft früherer Päste mag ein Grund dafür sein, warum die Bewohner der

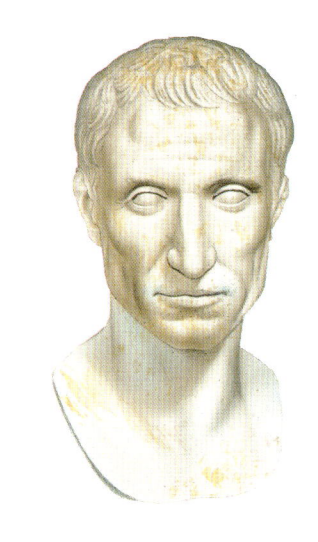

Obwohl die Emilia und die Romagna heute eine Region bilden, handelte es sich früher um zwei Staaten. Getrennt werden sie durch den Rubicon. Diesen Fluss überquerte Caesar am 11. Januar 49 v. Chr., um seinen Weg nach Rom fortzusetzen und so einen Bürgerkrieg vom Zaun zu brechen. Caesar vertrieb Pompejus von der italienischen Halbinsel nach Ägypten, wo der römische Herrscher jene berüchtigte Affäre mit Kleopatra begann.

Sonnenuntergang in der fruchtbaren Poebene.

Einleitung

Die heute blühende Küstenregion der Emilia Romagna mit ihren Touristenzentren Rimini, Riccione und Cattolica weckt bei vielen Italienern Erinnerungen an einfache, glückliche Ferien und eine lokale Gaumenfreude: „Piadina" (s. Rezept S. 15), ein Fladenbrot aus Mehl, Wasser, Salz und Schweineschmalz. Man isst es zu „Squaquarone", einem Weichkäse der Region, der hervorragend zu dem heißen, frisch gebackenen Brot passt. Der Filmemacher Federico Fellini wurde in Rimini geboren und blieb seiner Heimatstadt zeitlebens treu. Sie inspirierte ihn zu vielen Filmen, in denen er den Düften, Aromen, Speisen und natürlich den Menschen dieser Stadt Tribut zollte.

Romagna, die durch sie viel Not und Armut erdulden mussten, so ausgeprägt kirchenfeindlich wurden.

Die adriatische Küstenregion der Romagna ist bekannt für ihren Reichtum an Fischen und Meeresfrüchten, die in einer Reihe von Schmorgerichten sowie Suppen und Eintöpfen Verwendung finden. Zu den Spezialitäten gehören verschiedene frisch gefangene, gegrillte Fische.

Die hügelige und landschaftlich reizvolle Provinz Ferrara im Landesinneren besitzt eine charakteristische, bis zur mittelalterlichen Hofkultur zurückreichende Kochtradition. Die Grundlage der meisten Hauptgerichte in dieser Gegend, in der es immer einen hohen jüdischen Bevölkerungsanteil gab, bilden Kalb, Rind, Huhn und Kaninchen. Die Provinz ist auch ein Zentrum des Obstanbaus und versorgt fast ganz Europa mit Früchten wie Kirschen, Birnen, Äpfeln und Aprikosen sowie Wassermelonen.

Innerhalb der Region Emilia Romagna, die vom toskanischen Apennin im Süden bis zu den fruchtbaren Ebenen im Norden und der Adriaküste im Osten reicht, haben die Unterschiede in der Geschichte, der Geographie und dem Klima eine vielfältige gastronomische Tradition entstehen lassen – ebenso reichhaltig und deftig wie raffiniert und fein. Dennoch gibt es viele Gemeinsamkeiten.

Sowohl in der Emilia als auch in der Romagna weiß man eine gute Mahlzeit zu schätzen, ist mit kritischem Sachverstand sehr stolz auf die regionalen Küchen. Die geselligen Menschen genießen Essen und Trinken, während sie sich angeregt unterhalten und diskutieren. Da verwundert es kaum, dass Pellegrino Artusi (s. S. 110/111), Autor des ersten umfassenden Kochbuchs im vereinten Italien, hier geboren wurde.

Eine wichtige Zutat der regionalen Küche ist Schweinefleisch. Wird ein Schwein geschlachtet, verwendet man buchstäblich alle Teile. Man bereitet daraus Würste, *prosciutto*, *pancetta*, *zamponi*, verschiedene Sorten *salame*, *cotechino* und viele andere geräucherte Fleischwaren. Das zu Schweineschmalz verarbeitete Fett diente den armen Leuten früher als Kochfett. Auch heute noch verwendet man es zum Braten.

Einleitung

Der kulinarische Reichtum der Emilia Romagna gründet sich im Wesentlichen auf geräucherte Fleischwaren, frische Pasta und Parmesan. Bei den Weinen der Region, ob rot (etwa Lambrusco und Gutturnio) oder weiß, handelt es sich oft um Perlweine („frizzante"). Gerade diese Weine harmonieren wunderbar mit den regionalen Speisen.

Die Mortadella stammt aus Bologna, wo sie um 1300 „erfunden" wurde. Ihr Name ist vom lateinischen Wort „mortarium" abgeleitet – dem Mörser, in dem das Fleisch mit Gewürzen zu einer Paste zerrieben wurde. Ihr unverkennbarer Duft erfüllt jede Metzgerei.

Geräucherte Fleisch- und Wurstwaren sind für die ganze Region typisch. Den Parmaschinken schätzt man weltweit wegen seiner Zartheit sowie der Farbe und des Geschmacks. Doch gibt es noch eine Vielzahl anderer, weniger bekannter Fleischwaren, und jede Stadt hat ihre eigenen Spezialitäten: Modena ist berühmt für *zampone* (gefüllter Schweinefuß) und *cotechino*, regionale Delikatessen, die zu Nationalgerichten wurden. Sie bestehen aus Schweinefleisch und -schwarte, das mit Pfeffer, Knoblauch, Salz und anderen Gewürzen zerkleinert wird. In Italien reicht man sie heute als beliebtes traditionelles Neujahrsessen zu Linsen, die der Legende nach im neuen Jahr Glück und Wohlstand bringen sollen.
Die Stadt Ferrara ist bekannt für ihre *salama da sugo* aus verschiedenen Teilen des Schweins, verfeinert mit Wein und Gewürzen. *Salama* (statt der üblicheren Schreibweise „*salame*") galt lange Zeit als Aphrodisiakum und wird bis zum heutigen Tag bei Hochzeitsfeiern serviert. Vor 1950 war *salama* außerhalb Ferraras kaum bekannt. Dann jedoch schuf der Autor Mario Soldati die erste Fernsehserie über die italienische Küche – eine kulinarische Reise durch die verschiedenen Regionen Italiens, wobei die Poebene und die Emilia Romagna besonders

Einleitung

Emilia Romagna
ITALIEN

Piacenza
Parma
Reggio nell'Emilia
Modena
Ferrara
BOLOGNA
Ravenna
Forlì
Rimini

ADRIA

TYRRHENISCHES MEER

Einleitung

hervorgehoben wurden. Man warf Soldati vor, die Grenzen des guten Geschmacks überschritten zu haben, als er eine dampfend heiße *salama* aus dem Topf nahm, mit Genuss daran schnupperte und sie als „perfekt" beurteilte. Die meisten Italiener hatten noch nie von *salama* gehört, und als sie am nächsten Tag davon in der Zeitung lasen, hielten sie den Namen für einen Tippfehler.

Frische Pasta ist eine weitere kulinarische Errungenschaft der Emilia Romagna. Wem die „Erfindung" der *tortellini* zugeschrieben werden darf, ist immer noch ein Streitpunkt zwischen der Emilia und der Romagna, während jeder Haushalt seine eigenen Rezepte, Formen und Füllungen für *cappelletti*, *ravioli* und *anolini* hat. Jede Hausfrau bereitet Füllung und Pastateig auf ihre eigene Weise. Ihre Bewegungen vor dem Backbrett gleichen einem Tanz, ihre Gesten denen ihrer Vorfahren.

Für weitere Spezialitäten wie *Crescenti* (s. Rezept S. 18), *Gnocco fritto* und *Gnocco ingrassato* benötigt man einen anderen Pastateig. Diese Gerichte gehören seit Jahrhunderten zur bäuerlichen Küche. Früher dienten sie der Landbevölkerung, die von morgens bis abends auf den Feldern hart arbeitete, als sättigende, nahrhafte Mittagsmahlzeiten und wurden nicht, wie heute üblich, als Vorspeisen gereicht. *Gnocco fritto* bereitet man aus Mehl, Salz und Wasser zu. Die etwa $1/2$ cm dicke Teigplatte wird in Schweineschmalz in der Pfanne gebacken. An *Gnocco ingrassato* gibt man außerdem Schinkenwürfel und backt ihn im Ofen. Parma, Reggio und Piacenza erheben alle für sich den Anspruch, Geburtsort des berühmtesten italienischen Käses zu sein, des Parmesans. Boccaccio erwähnte ihn bereits in seinem *Dekameron* aus dem 14. Jahrhundert. Um Qualität und Herkunft zu sichern, lautet die offizielle Bezeichnung inzwischen *Parmigiano Reggiano*.

Obwohl das Dessert in der Emilia Romagna keine allzu große Bedeutung hat, gibt es dennoch einige köstliche Beispiele. *Bensone* (s. Rezept S. 103), eine Spezialität aus Modena, basiert auf einem mittelalterlichen Rezept. *Sappole* (s. Rezept S. 105) sind Leckereien zur Karnevalszeit, und *Tortelli fritti* mit süßer Marmeladenfüllung gehen auf die Renaissance zurück.

Echte „tagliatelle" aus Bologna sollten nach dem Garen nicht ganz 8 mm breit und nur $1/2$ mm dick sein. In dieser Stadt gründete man auch eine Bruderschaft, um die Standards der Herstellung von „tortellini" zu sichern!

Die Kochtradition der Region spiegelt die Mentalität der Bevölkerung wider und deren Glauben an die magischen Kräfte der Speisen. Aale aus den Lagunen von Comacchio, nach Rezepten aus der Romagna zubereitet, wurden zu festlichen, versöhnlich stimmenden Weihnachtsgerichten der italienischen Küche.

Einleitung

Die älteste Universität Europas wurde vor neun Jahrhunderten in der Provinzhauptstadt **Bologna** gegründet. Mit ihren Zwillingstürmen aus dem Mittelalter, die hoch über die Stadt ragen, ist sie immer noch ein Zentrum von Bildung, Kunst und Musik. Keine andere Stadt wird weltweit so sehr mit der italienischen Küche in Verbindung gebracht wie Bologna. *Tortellini in brodo* (s. Rezept S. 35), *Ragù alla bolognese*, Mortadella und *Fritto misto* sind nur einige ihrer Spezialitäten.

Modena war einst die strahlende Hauptstadt der Herzöge aus dem Hause Este, doch sind die ruhmreichen Tage längst Vergangenheit. Heute ist Modena eine sehr wohlhabende, aber ruhige Provinzhauptstadt – und die Heimat des Ferrari. Neben der großen Vielfalt geräucherter Fleisch- und Wurstwaren erfand man hier auch den Balsamessig (*aceto balsamico*), der inzwischen in die ganze Welt exportiert wird. Berühmt sind auch die Vignola-Kirschen, frisch oder in Alkohol eingelegt.

Charakteristisch für die Provinzhauptstädte der Region sind die Gebäude aus weißem Marmor und rotem Backstein. Außer Ferrara und Ravenna werden sie alle durch die Via Emilia verbunden. Die Herzlichkeit der Menschen sowie Kunst, Kultur und Gastronomie dieser Gegend werden zu Recht gerühmt.

Weiter im Norden liegt die Stadt **Reggio nell'Emilia**, die ebenfalls von Kunst, Kultur und einer feinen Küche geprägt ist. Theater, Paläste und Kirchen beherrschen das Zentrum der Stadt. Die lokale Küche zeichnet sich durch die ersten Gänge, etwa *Capelletti in brodo*, *Tortelli di zucca* und *Lasagne* aus. Für die Hauptgerichte wird eine Auswahl an Wild und Pilzen aus dem Apennin verwendet, der Lambrusco verleiht den Speisen eine ganz besondere Note.

Gemessen an ihrer Größe werden in der Provinz **Parma** beeindruckend viele Lebensmittel von bester Qualität produziert: Parmesan, *culatello*, *prosciutto*, Weine, *anolini* sowie *Tortelli di erbetta*, gefüllte Pasta, die man traditionell in der Nacht des 24. Juni zum Fest des Heiligen Johannes serviert.

Piacenza liegt an der Grenze der Emilia zur Lombardei. Das Rathaus, bekannt als „il Gotico", ist ein Meisterwerk der lombardischen Architektur des 13. Jahr-

Einleitung

hunderts. Einige der typischen Speisen werden als erster Gang angeboten, etwa Klöße aus Mehl, Brot und Wasser, serviert mit Bohnensauce. *Tortelli con le code* sind mit Ricotta und Spinat gefüllt. Eine wichtige Rolle spielen auch Pilze, die hier reichlich wachsen.

Die letzte Hochburg des weströmischen Reichs, **Ravenna**, ist berühmt für ihre Mosaiken von San Vitale, das Mausoleum der Galla Placidia und das Baptisterium von Sant'Appolinaris in Classe. Aus der *pineta,* einem Kiefern- und Pinienwald östlich der Stadt, stammen Trüffeln und die unterschiedlichsten Kräuter. Bei der regionalen Spezialität mit dem eigenartigen Namen *Frittatina agli uomini nudi* („Ausgebackenes mit nackten Männern") handelt es sich um kleine Fische.

Pellegrino Artusis Heimatstadt **Forlì** prägt ein mittelalterlicher Stadtkern. Ihr gastronomisches Erbe frischer Pasta wie *tagliatelle*, *passatelli* und *cappelletti* teilt sie sich mit der nahe gelegenen Stadt Cesena, dem Geburtsort dreier Päpste.

Rimini ist eine lebhafte Küstenstadt. Den Besuchern bietet sie Unterhaltung, Strände und architektonische Schätze wie den Tempel des Malatesta, den Augustusbogen und die Tiberiusbrücke. Fischgerichte, etwa *Brodetto* (s. Rezept S. 62), spielen hier die Hauptrolle. Als ersten Gang reicht man meist frische Pasta wie *tagliatelle*, *maltagliati* und *strozzapreti*.

Die Este beherrschen einst auch die Stadt **Ferrara**, berühmt für ihre romanische Kathedrale mit Skulpturen von Jacopo della Quercia. Delikatessen der regionalen Küche, etwa *Pasticcio di maccheroni* (Makkaroni-Kuchen), *Panpepato* (Gewürzbrot) und *Capellacci con la zucca*, stammen vom Hof der Herzöge von Este. Spezialitäten wie *Prosciutto d'oca* (Gänseschinken) und *Buricco*, mit Huhn und Kaninchen gefüllte Teigtaschen, gehen auf die ehemals große jüdische Gemeinde der Stadt zurück.

Eines der wichtigsten erhaltenen Bauten der mittelalterlichen Stadt Ferrara ist das Castello Estense aus roten Backsteinen, das noch einen Burggraben besitzt.

Die Adriaküste ist ein Paradies für Segler und Bootsfahrer. Der Hafen von Rimini hat als Dreh- und Angelpunkt der italienischen Fischindustrie eine große Bedeutung.

Antipasti

Fladenbrot	15
Gebackene Gemüsetaschen	16
Pikantes Schmalzgebäck	18
Ausgebackene Mortadella	19
Reis-kürbis-pastete	20
Pikante Mangoldpastete	24
Feldsalat mit balsamessig	26
Parmesan-eiscreme	27
Kartoffelkuchen	29
Parmaschinken mit melone	30
Teigbällchen mit balsamessig	31

In der Emilia Romagna sind *antipasti* eine herzhafte Angelegenheit. Oft handelt es sich um ausgebackene kleine Leckerbissen aus ungesäuertem Teig, die auf die jahrhundertealte bäuerliche Kochtradition zurückgehen. Mit etwas Balsamessig aus der Region beträufelt, bestechen viele dieser herrlichen *antipasti* durch ihre bodenständige Einfachheit. Ebenso beliebt sind die pikanten Gemüseküchen. Sie eignen sich auch als nahrhafte, aber leichte Mittagsmahlzeit. Einer der schmackhaftesten und bekömmlichsten Appetitmacher stammt aus Parma: delikater Parmaschinken mit frischen Kantalupe-Melonen oder Feigen.

Piadina
Fladenbrot

Mehl, Natron und eine kräftige Prise Salz in eine Rührschüssel sieben und in die Mitte eine Mulde drücken. Das zerlassene Schweineschmalz und etwas lauwarmes Wasser hineingießen und nach und nach mit dem Mehl vermischen. Bei Bedarf etwas mehr Wasser dazugießen, so dass eine eher feste Masse entsteht. • Die Mischung zu einem glatten Teig verkneten. In eine Schüssel geben, mit einem sauberen Küchentuch bedecken und 30 Minuten ruhen lassen. • Auf einer gut bemehlten Arbeitsfläche mit einem ebenfalls bemehlten Nudelholz sehr dünn (etwa 2 mm dick) ausrollen. • Runde Teigplatten von 15–20 cm Durchmesser ausschneiden. Ohne Fett in einer sehr heißen Pfanne backen, dabei einmal wenden. • Sehr heiß mit Schinken- oder Salamischeiben oder auch mit Käse servieren.

Für 6–8 Personen
Vorbereitungszeit: 25 Minuten +
30 Minuten Ruhezeit für den Teig
Garzeit: 15 Minuten
Schwierigkeitsgrad: relativ einfach

500 g Mehl
1 TL Natron (ersatzweise Backpulver)
1 Prise Salz
60 g Schweineschmalz, zerlassen
100 ml lauwarmes Wasser

Empfohlener Wein: ein trockener Weißwein (Trebbiano di Romagna)

Diese Spezialität aus der Romagna entstand aus den traditionellen ungesäuerten Fladenbroten (*focaccias*). Das sehr alte Rezept stammt aus einer Zeit, als man noch keine Hefe verwendete. Meist serviert man die Fladenbrote mit *squaquaron*, einem zarten Frischkäse, der große Ähnlichkeit mit *stracchino* hat. Traditionell wurden die *piadine* auf einer feuerfesten Steingutplatte zubereitet, die man auf glühenden Kohlen erhitzte.

Für 6–8 Personen
Vorbereitungszeit: 30 Minuten
Garzeit: 20 Minuten
Schwierigkeitsgrad: relativ einfach

750 g frischer Spinat oder Mangold
Salz
3 EL Butter
1 kleine Zwiebel, fein gehackt
Frisch gemahlener schwarzer Pfeffer
250 g Mehl
3 Eier
100 ml Milch
Schweineschmalz oder Oliven- oder Sonnenblumenöl zum Ausbacken

Empfohlener Wein: ein trockener oder halbtrockener leicht perlender Rotwein (Lambrusco di Sorbara)

Cassoni
Gebackene Gemüsetaschen

Den Spinat gründlich waschen. In leicht gesalzenem Wasser blanchieren. Abtropfen lassen, ausdrücken und grob hacken. • Die Butter in einer Pfanne zerlassen und die Zwiebel darin hellgolden braten. Den Spinat dazugeben und unter Rühren kurz sautieren. Mit Salz und Pfeffer abschmecken. • Das Mehl mit einer Prise Salz in eine Rührschüssel sieben. Eine Mulde in die Mitte drücken, die Eier hineingeben und mit einer Gabel nach und nach mit dem Mehl vermischen. Portionsweise so viel Milch dazugießen, dass eine weiche Masse entsteht, die nicht am Schüsselrand klebt. • Zu einem glatten Teig verkneten. • Auf einer gut bemehlten Arbeitsfläche mit einem ebenfalls bemehlten Nudelholz dünn ausrollen. Kleine runde Teigplatten von 10 cm Durchmesser ausschneiden. • Die Teigplatten jeweils zur Hälfte mit etwas Spinatfüllung belegen, dabei einen fingerdicken Rand frei lassen. Die Teigplatten in der Mitte zusammenklappen und die Ränder mit einer Gabel zusammendrücken. • Die Gemüsetaschen in reichlich heißem Schweineschmalz oder Öl von beiden Seiten goldbraun ausbacken. • Auf Küchenpapier abtropfen lassen und sehr heiß servieren.

Diese pikanten Gemüsetaschen sind überall in der Emilia Romagna sehr beliebt. Je nach Region kann die Füllung mit Spinat oder anderem Blattgemüse leicht variieren. Für eine raffinierte, aber ganz einfache Variante den Spinat in etwas Öl anbraten, mit Salz und frisch gemahlenem schwarzem Pfeffer würzen und etwa 1 EL eingeweichte, abgetropfte kernlose Sultaninen untermischen.

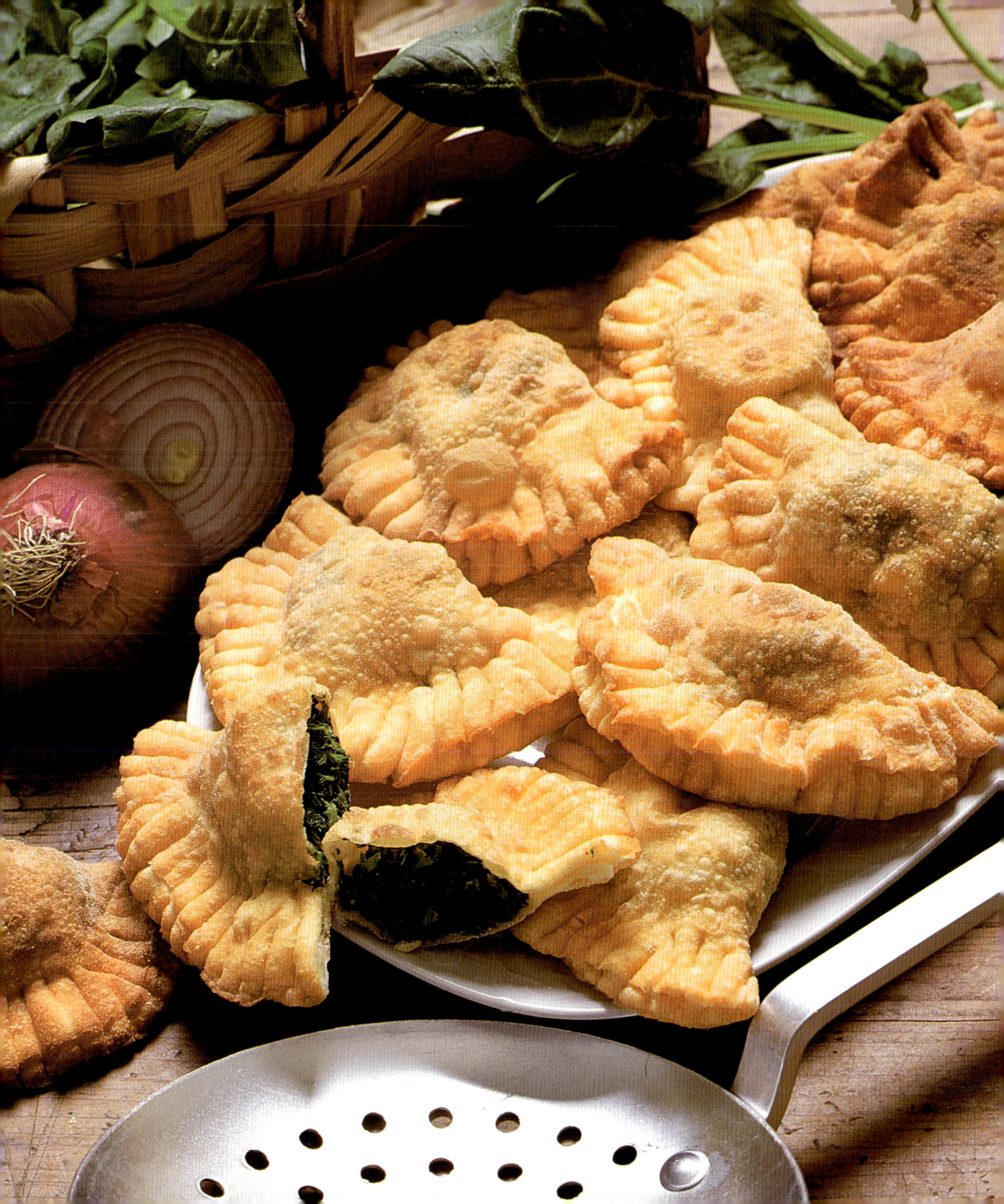

Crescenti
Pikantes Schmalzgebäck

Für 8–10 Personen
Vorbereitungszeit: 40 Minuten +
1 Stunde Ruhezeit für den Teig
Garzeit: 20 Minuten
Schwierigkeitsgrad: relativ einfach

40 g frische Hefe
250 ml lauwarmes Wasser
500 g Mehl
1 Prise Salz
60 g Schweineschmalz, zerlassen
Öl oder Schweineschmalz zum Ausbacken

Empfohlener Wein: ein trockener fruchtiger Weißwein (Albana di Romagna)

Die Hefe in dem lauwarmen Wasser auflösen und 15 Minuten ruhen lassen. • Mehl und Salz in eine Rührschüssel sieben. Eine Mulde in die Mitte drücken, das zerlassene Schweineschmalz und die Hefemischung hineingießen. Nach und nach das Mehl mit einer Gabel untermischen. Bei Bedarf noch etwas Wasser dazugeben. • Auf einer bemehlten Arbeitsfläche zu einem geschmeidigen Teig verkneten. Eine Kugel formen und in die Schüssel setzen. Mit einem sauberen Küchentuch bedeckt etwa 1 Stunde gehen lassen. • Den Teig etwa 3 mm dick ausrollen und in 5 cm lange Rauten oder Rechtecke schneiden. • Die Teigstücke portionsweise in reichlich heißem Öl oder Schweineschmalz ausbacken, bis sie goldbraun und knusprig sind. Auf Küchenpapier abtropfen lassen und sehr heiß servieren.

Dieses Beispiel für die schmackhafte Hausmannskost der Emilia hat verschiedene Namen: In Bologna heißt das Gebäck *Crescenti*, in Reggio nell'Emilia und Modena nennt man es *Gnocco fritto* und in Parma *Torta fritta*. Man serviert es sehr heiß mit in dünne Scheiben geschnittenem Schinken oder anderen Wurstwaren.

Antipasti

Mortadella fritta
Ausgebackene Mortadella

Die Mortadellascheiben vierteln. In eine Schüssel geben, mit lauwarmer Milch bedecken und 2 Stunden stehen lassen. • Die Mortadellaviertel abgießen, mit Küchenpapier trockentupfen und im Mehl wenden. • Das Ei leicht verschlagen und mit Salz, Pfeffer und Muskat würzen. • Die Mortadellaviertel in das Ei tauchen und in den Semmelbröseln wenden. • In sehr heißem Öl von beiden Seiten goldbraun braten. • Auf Küchenpapier abtropfen lassen. Sehr heiß servieren.

Für 6–8 Personen
Vorbereitungszeit: 15 Minuten +
2 Stunden Einweichzeit für die
Mortadella
Garzeit: 10 Minuten
Schwierigkeitsgrad: einfach

4 Scheiben Mortadella (je ½ cm dick)
500 ml lauwarme Milch
100 g Mehl
1 Ei
Salz
Frisch gemahlener schwarzer Pfeffer
1 Prise frisch geriebene Muskatnuss
100 g Semmelbrösel
Sonnenblumenöl zum Braten

Empfohlener Wein: ein trockener oder halbtrockener leicht perlender Rotwein (Lambrusco Grasparossa di Castelvetro)

Diese beliebte Spezialität aus Bologna wird gern als pikante Zutat für unterschiedlichste Füllungen verwendet, etwa für Nudeln oder Kroketten. Hier spielt die Mortadella einmal die Hauptrolle.

Antipasti

Torta di riso con la zucca
Reis-Kürbis-Pastete

Für 6–8 Personen
Vorbereitungszeit: 30 Minuten
Backzeit: 45 Minuten
Schwierigkeitsgrad: relativ einfach

500 ml Wasser
400 ml Milch
1 Prise Salz
500 g Riesenkürbis oder Muskatkürbis
300 g italienischer Rundkornreis
60 g Parmesan, frisch gerieben
125 g frischer Ricotta
1 Ei
1½ EL Butter
Salz
Frisch gemahlener schwarzer Pfeffer
250 g Mehl
2 EL natives Olivenöl extra
Öl für die Form
Feine Semmelbrösel

Empfohlener Wein: ein trockener leicht perlender Rotwein (Lambrusco Salamino di Santa Croce)

Wasser mit Milch und Salz zum Kochen bringen. Den Reis hineingeben und 10 Minuten garen. Abgießen. • Den Kürbis schälen, von Kernen und Fasern befreien und auf ein sauberes Küchentuch reiben. Die Enden des Tuchs nehmen und fest zusammendrehen, um einen Teil der Flüssigkeit aus dem Kürbisfleisch zu drücken. • Kürbisfleisch, Reis, Parmesan, Ricotta, Ei und Butter vermischen. Mit Salz und Pfeffer abschmecken. • Das Mehl auf die Arbeitsfläche sieben und in die Mitte eine Mulde drücken. Das Olivenöl und etwas Wasser hineingießen. Nach und nach mit dem Mehl zu einer glatten Masse verarbeiten. Bei Bedarf mehr Wasser zugießen. • Zu einem elastischen Teig verkneten und dünn ausrollen. Zwei unterschiedlich große runde Teigplatten von 32 cm und 26 cm Durchmesser ausschneiden. Mit der größeren eine gefettete, mit Semmelbröseln bestreute Springform (Durchmesser 26 cm) auskleiden. • Die Reismischung hineinfüllen. Die zweite Teigplatte auf die Füllung legen, die Teigränder festdrücken. Die Oberfläche mit Öl bestreichen und mehrmals mit einer Gabel einstechen. • Im vorgeheizten Backofen bei 180 °C (Umluft 160 °C) etwa 45 Minuten backen. • Heiß oder von Raumtemperatur servieren.

Eine Spezialität aus der ländlichen Umgebung von Parma.

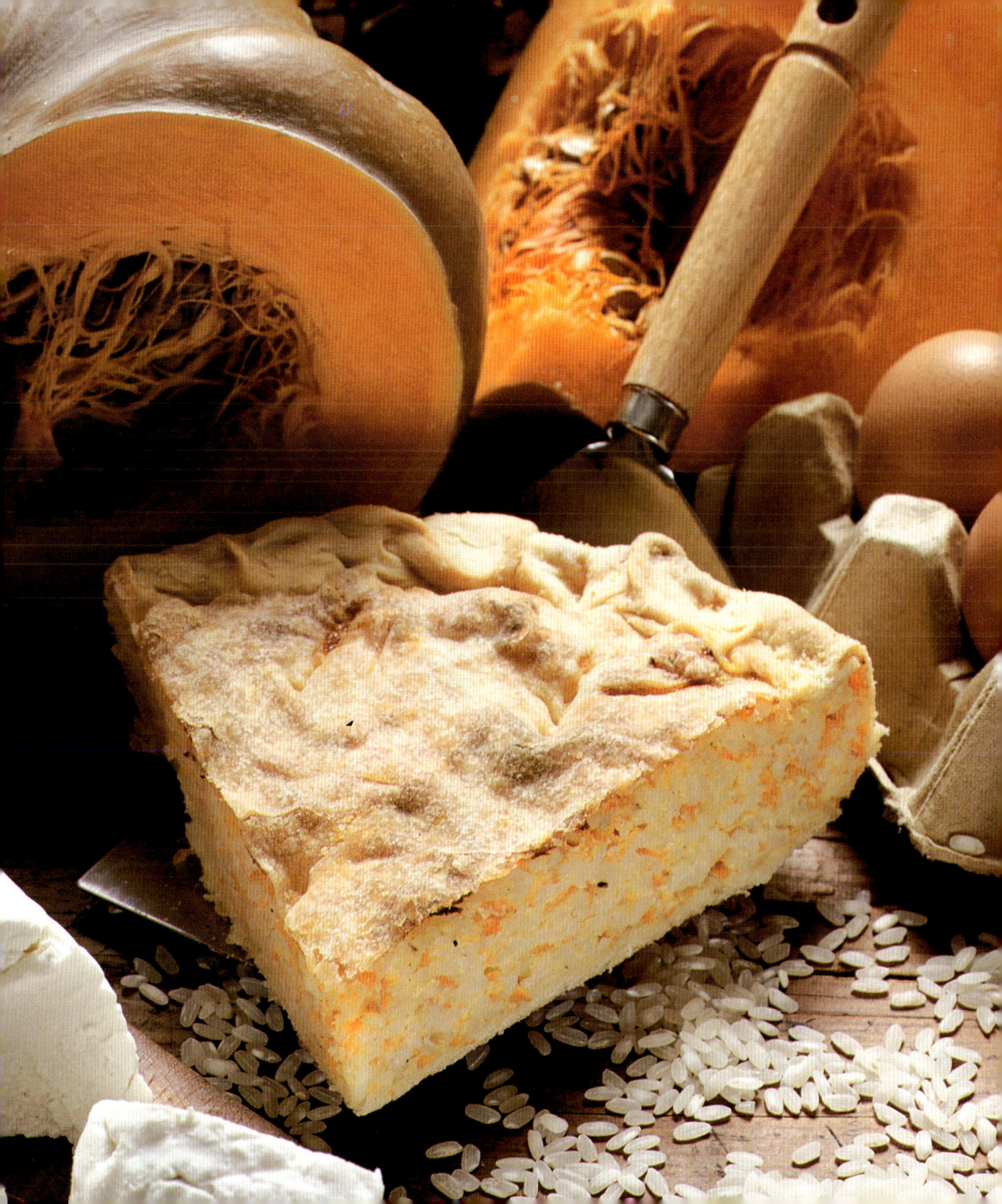

Piadina: Köstliches Fladenbrot

Die Zubereitung ist einfach, der Geschmack unübertroffen: Fladenbrot aus der Romagna (*Piada* oder *Piadina*) bereitet man aus Mehl, Schweineschmalz, Salz und Wasser. Seine Ursprünge reichen vermutlich bis zu den Etruskern (800–300 v. Chr.) zurück, doch gleicht *Piadina* auch Broten der bäuerlichen Küche – ob türkische *yufta*, indische *rhoda*, *burgutta* aus Eritrea oder mexikanische *tortila*. Lockerer wird das Fladenbrot durch die Zugabe von Natron, und manchmal ersetzt man das Schweineschmalz durch Olivenöl, gibt Milch und frische Hefe dazu. Am wichtigsten ist jedoch das Fingerspitzengefühl beim Vermischen, Kneten und Formen der *Piadina*. Das Grundrezept variiert von Region zu Region: In Rimini bevorzugt man eine dünne, lockere *Piadina*, in Ravenna werden Milch, Honig und abgeriebene Zitronenschale untergemischt, in Cattolica wiederum Mineralwasser.

„Piadina" ist eine gelungene italienische Alternative zu Fastfood. Man isst sie heiß zu grünem Salat, Kräutern (besonders gut passt Brunnenkresse) und feinem Frischkäse aus Kuhmilch (etwa „squaquarone", eine regionale Spezialität), aber auch zu Ziegenkäse oder geräucherten Wurstwaren wie Mortadella, gekochtem oder rohem Schinken. „Piadina" wird sofort heiß verzehrt, denn zu den genannten Beigaben schmeckt sie kalt nicht. Aufgebacken verliert sie den herrlichen Duft. Essen kann man sie überall – am Strand, im Café, beim Picknick oder zu Hause.

Piadina

Der in Rimini geborene berühmte italienische Regisseur Federico Fellini war ein großer Liebhaber der „Piadina". Bis zum heutigen Tag erinnert man sich in Bars und Cafés gern daran, wie er regelmäßig mit Freunden zusammensaß und eine heiße „Piadina" verzehrte.

Viele Italiener und Urlauber bevorzugen „Piadina" meist mit Schinken- oder Käsefüllung und einem Glas kräftigem Sangiovese. Die Menschen der Region, die das schmackhafte Fladenbrot von Kindheit an kennen, sagen jedoch, dass es mit einem leichten weißen Trebbiano am besten harmoniert. Diese ausgewählten Spezialitäten sind wahre Klassiker der Riviera der Romagna.

Die Riviera der Romagna hat jedem etwas zu bieten: Viele Gäste verbringen den Sommer in erstklassigen Hotels, und Rucksackurlauber finden stets eine günstige Pension oder einen warmen Strand.

Viele Italiener verbinden mit „Piadina" schöne Urlaubserinnerungen, denn die Riviera der Romagna (zwischen Cattolica und Ravenna) gehört zu den beliebtesten Urlaubszielen. Die Menschen der Romagna sind bekannt für ihr unkompliziertes und liebenswertes Naturell. Nach einem nächtlichen Spaziergang am Strand oder dem Besuch in einer der beliebten Diskotheken isst man in einem der Imbisse gern noch eine frische „Piadina".

Antipasti

Erbazzone
Pikante Mangoldpastete

Für 6 Personen
Vorbereitungszeit: 30 Minuten
Backzeit: 35 Minuten
Schwierigkeitsgrad: relativ einfach

1,2 kg frischer Mangold oder Spinat
150 g magerer Speck (*pancetta*)
2 EL fein gehackte frische Petersilie
1 Knoblauchzehe
6 Lauchzwiebeln oder Schalotten
Butter für die Form und die Pfanne
100 g Parmesan, frisch gerieben
Salz
Frisch gemahlener schwarzer Pfeffer
350 g Mehl, zusätzlich Mehl zum Ausrollen
60 Schweineschmalz, zerlassen
Lauwarmes Wasser für den Teig

Empfohlener Wein: ein trockener Weißwein (Colli Bolognesi bianco)

Den Mangold gründlich waschen und, ohne ihn abtropfen zu lassen, einige Minuten dünsten. Die Blätter kräftig ausdrücken und sehr grob hacken. • Den Speck in kleine Würfel schneiden. Petersilie, Knoblauch und Lauchzwiebeln fein hacken. In wenig Fett bei mittlerer Hitze dünsten, bis die Zwiebeln weich sind. • Einen Esslöffel der Mischung beiseite stellen, den Rest mit dem Mangold und dem Parmesan vermischen. Mit Salz und Pfeffer abschmecken. • Das Mehl und 1 Prise Salz in eine Rührschüssel sieben. Eine Mulde in die Mitte drücken und das zerlassene Schweinschmalz hineingießen. Nach und nach das Mehl unterarbeiten. Dabei portionsweise lauwarmes Wasser dazugeben, bis eine glatte Masse entsteht. Zu einem elastischen Teig verkneten. • Den Teig in zwei unterschiedlich große Stücke teilen und zu zwei dünnen runden Teigplatten ausrollen. Mit der größeren Teigplatte eine gefettete Springform (Durchmesser 24 cm) auskleiden. Der Teig sollte am Rand leicht überstehen. • Die Mangoldmischung darauf verteilen und glatt streichen. Mit der zweiten Teigplatte bedecken, die Teigränder fest zusammendrücken. • Die restliche Speck-Kräuter-Mischung darüber verteilen. • Im vorgeheizten Backofen bei 200 °C (Umluft 180 °C) 30 Minuten backen. Der Kuchen schmeckt warm noch besser als heiß.

In Reggio nell'Emilia nennt man diesen Kuchen auch *Scarpazon* oder *Scarpassa*. Eine weitere Bezeichnung, *Morazzone*, leitet sich von dem lateinischen Wort „moretum" ab – dem Namen eines sehr einfachen, deftigen Gemüsekuchens aus dem alten Rom.

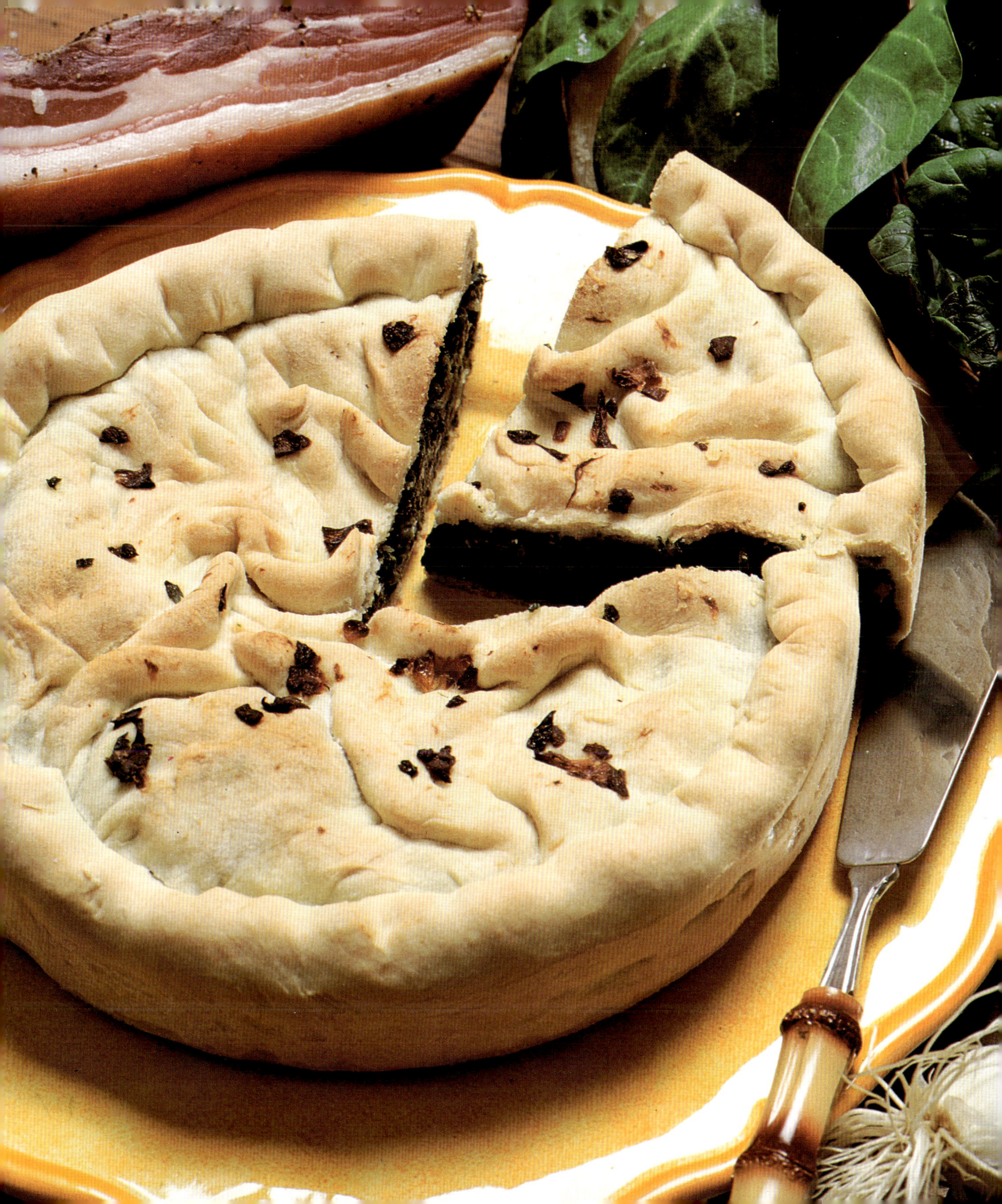

Antipasti

Insalata all'aceto balsamico
Feldsalat mit Balsamessig

Für 4 Personen
Vorbereitungszeit: 10 Minuten
Schwierigkeitsgrad: einfach

500 g Feldsalat
100 g Parmesan
2 EL Balsamessig von bester Qualität
8 EL natives Olivenöl extra
Salz

Empfohlener Wein: ein trockener Rotwein (Sangiovese)

Den Feldsalat gründlich waschen, trocken schwenken und in eine Salatschüssel geben. Den Parmesan in dünne Scheiben hobeln oder in kleine Stücke schneiden und hinzufügen. • Essig, Öl und Salz in einer kleinen, tiefen Schüssel kräftig verrühren und über den Salat träufeln. • Den Salat gut mischen und sofort servieren.

Der Salat ist fast nur ein Vorwand, um den berühmten und teuren Balsamessig aus Modena zu genießen. Die jeweilige Menge von Essig und Öl können Sie natürlich nach Geschmack variieren.

Gelato di Parmigiano
Parmesan-Eiscreme

Für 6 Personen
Vorbereitungszeit: 15 Minuten
Schwierigkeitsgrad: einfach

Süße Sahne, Parmesan, Cayennepfeffer und Salz in einem Dämpfeinsatz oder einer hitzebeständigen Schüssel vermischen. So lange über schwach siedendem Wasser erhitzen, bis der Parmesan vollständig geschmolzen ist. Beiseite stellen und abkühlen lassen. • Die Mischung durch ein Sieb passieren. In einer Eismaschine nach Anweisung des Herstellers tiefkühlen. • Alternativ die Parmesan-Mischung in einen Plastikbehälter füllen und tiefkühlen. Die Mischung regelmäßig umrühren, um Eiskristalle zu lösen. • Nach 3 Stunden die Mischung in der Küchenmaschine glattrühren und wieder tiefkühlen. Diesen Vorgang nach weiteren 3 Stunden wiederholen. • Die Eiscreme in Portionsgläsern servieren.

500 ml süße Sahne
350 g Parmesan, frisch gerieben
1 Prise Cayennepfeffer oder Chilipulver
Salz

Empfohlener Wein: ein trockener oder halbtrockener leicht perlender Rotwein (Lambrusco di Sorbara)

Diese ungewöhnliche Vorspeise serviert man noch heute gerne anstelle des Käsegangs. Besonders gut passt die herrliche Eiscreme-Kreation zu dünnen Scheiben Parmaschinken.

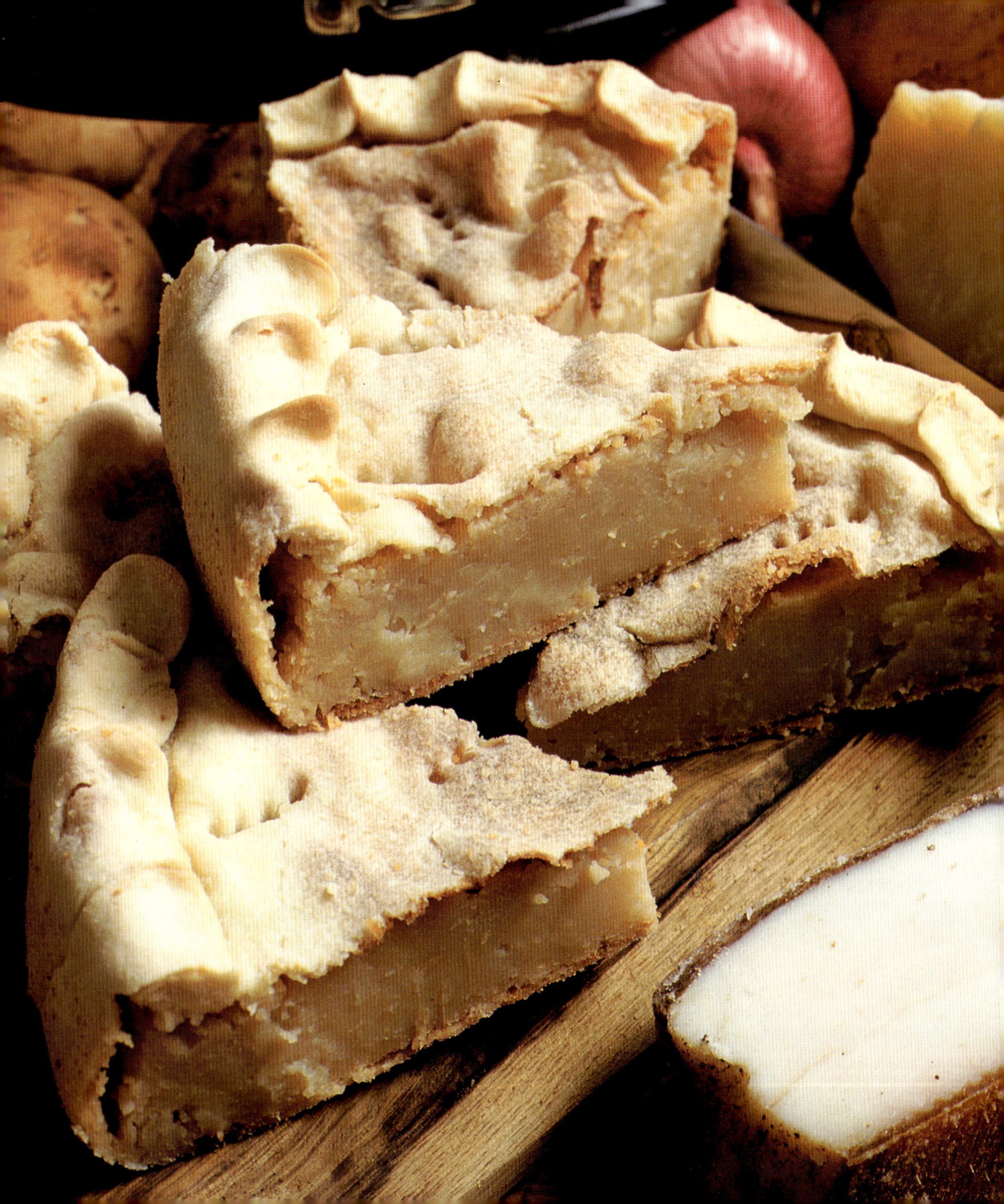

Torta di patate
Kartoffelkuchen

Die Kartoffeln weich kochen. Noch heiß schälen und sofort durch die Kartoffelpresse drücken oder fein zerstampfen. • Die Butter in einer großen Pfanne zerlassen und die Zwiebel und den Schweinespeck darin bei schwacher Hitze braten. • Die Brühe hinzufügen und den Herd ausschalten. • Kartoffelmasse, Parmesan, Milch und Salz sorgfältig untermischen. • Das Mehl mit etwas Salz in eine Rührschüssel sieben. Eine Mulde in die Mitte drücken, 1 EL Olivenöl und etwas Wasser hineinträufeln. Nach und nach das Mehl untermischen, dabei portionsweise etwas Wasser zugießen, bis eine glatte Masse entsteht. • Zu einem elastischen Teig verkneten. • Den Teig auf einer gut bemehlten Arbeitsfläche mit einem ebenfalls bemehlten Nudelholz dünn ausrollen. Zwei unterschiedlich große runde Teigplatten ausschneiden. • Mit der größeren Teigplatte eine gefettete, mit Semmelbröseln bestreute Springform (Durchmesser 26 cm) auskleiden. • Die Kartoffelmischung hineingeben. Mit der zweiten Teigplatte bedecken und die Teigränder zusammendrücken. Die Oberfläche mit dem restlichen Öl bestreichen und mehrmals mit einer Gabel einstechen. • Im vorgeheizten Backofen bei 180 °C (Umluft 160 °C) 45 Minuten backen.

Für 6–8 Personen
Vorbereitungszeit: 45 Minuten
Garzeit: 45 Minuten + 30 Minuten für die Kartoffeln
Schwierigkeitsgrad: relativ einfach

1 kg Kartoffeln
1 EL Butter
1 Zwiebel, fein gehackt
70 g frischer Schweinespeck, fein zerkleinert
2 EL Fleisch- oder Hühnerbrühe (selbst zubereitet oder aus Brühwürfeln)
150 g Parmesan, frisch gerieben
60 ml Milch
Salz
200 g Mehl
2 EL natives Olivenöl extra
Feine Semmelbrösel

Empfohlener Wein: ein trockener fruchtiger Weißwein (Bosco Eliceo Bianco)

Dieser Kuchen gehört zu den Spezialitäten aus Piacenza. Für eine noch würzigere Variante 1 EL fein gehackten frischen Rosmarin mit der Zwiebel und dem Fett braten und 1 EL Tomatenmark unter die Füllung mischen.

Antipasti

Prosciutto con melone
Parmaschinken mit Melone

Für 6 Personen
Vorbereitungszeit: 10 Minuten
Schwierigkeitsgrad: einfach

12 Scheiben Parmaschinken
1 Kantalupe- oder Honigmelone
(ersatzweise 6 frische Feigen)

Empfohlener Wein: ein trockener leicht perlender Weißwein (Colli Piacentini Pinot Grigio Vivace)

Die Melone der Länge nach in 6 Spalten schneiden, schälen und entkernen (werden Feigen verwendet, diese längs halbieren). • Die Schinkenscheiben in der Mitte einer Servierplatte anrichten und die Melonenspalten (oder Feigenhälften) am Rand verteilen. Melonen und Feigen können auch kombiniert werden.

Der delikate Geschmack des Parmaschinkens hat ihn zur beliebtesten Wurstspezialität Italiens gemacht. Wir präsentieren ihn auf klassische Art: mit Melonen oder, etwas bodenständiger, mit Feigen. Ein idealer Appetitmacher an heißen Sommerabenden.

Frittatine all'aceto balsamico
Teigbällchen mit Balsamessig

Das Olivenöl in einer Pfanne erhitzen und die Zwiebeln darin hellgolden braten. • Die Eier und das Salz in einer Schüssel verschlagen. Parmesan und Semmelbrösel unterrühren. • Die Zwiebeln dazugeben und gut untermischen. • Den Teig löffelweise in sehr heißem Öl ausbacken, bis die Bällchen rundum goldbraun sind. • Auf Küchenpapier abtropfen lassen. Das Gebäck nach Geschmack mit Balsamessig beträufeln und sehr heiß servieren.

Für 4 Personen
Vorbereitungszeit: 20–25 Minuten
Schwierigkeitsgrad: einfach

4 EL natives Olivenöl extra
4 kleine Zwiebeln, in dünne Scheiben geschnitten
4 Eier
1 Prise Salz
8 EL Parmesan, frisch gerieben
4 EL Semmelbrösel
Öl zum Ausbacken
Balsamessig

Empfohlener Wein: ein trockener Weißwein (Colli Bolognesi Riesling Italico)

Bei dieser einfachen Vorspeise kommt das herrliche Aroma des Balsamessigs aus Modena wunderbar zur Geltung.

Primi piatti

Gerichte für den ersten Gang

Gefüllte cappelletti aus der Romagna	33
Tortellini in Fleischbrühe	35
Cappellacci mit Kürbisfüllung	36
Brühe mit Käsenocken	37
Lasagne Bologneser Art	38
Suppe mit Nudeln und Bohnen	43
Garganelli mit Fleischsauce und Erbsen	44
Pasta mit Käsefüllung	48
Reis Piacenzer Art	49
Pikant gefüllte Pasta-Roulade	50
Herzhafte Muschelsuppe	52
Tortelli mit Spinat-Ricotta-Füllung	53
Frische Bandnudeln mit Schinken	55
Makkaroni-Kuchen aus Ferrara	56
Risotto mit Aal	58
Risotto mit Petersfisch	59

Die Emilia ist das Ursprungsland hausgemachter frischer Pasta. Aus geschmeidigem Eierteig bereitet man hier delikate Pastaspezialitäten wie *tortellini*, *lasagne*, *cappelletti*, *cappellacci*, *garganelli*, *tagliatelle*, *malmaritati*. Oft werden sie in einer schmackhaften heißen Brühe serviert, aber auch zu Fleisch- oder Gemüsesaucen. Gefüllte Pastasorten weisen je nach Herkunft unterschiedliche Formen, Namen oder Zutaten für die Füllungen auf. An der Adriaküste der Romagna reicht man zu Pasta oft Saucen aus vor Ort frisch gefangenen Meeresfrüchten.

Cappelletti di magro romagnoli
Gefüllte Cappelletti aus der Romagna

Den Pastateig wie auf S. 46–47 beschrieben zubereiten. Den Teig zu einer Kugel formen, in Frischhaltefolie wickeln und etwa 1 Stunde ruhen lassen. • In einer Schüssel die verschiedenen Käsesorten mit den Eiern sowie Muskat und Salz vermischen. • Den Pastateig dünn ausrollen. Die runden *cappelletti* mit einem Teigrädchen ausschneiden und wie die *tortellini* auf S. 35 füllen. Beiseite stellen und etwa 2 Stunden ruhen lassen. • Die Brühe aufkochen. Die *cappelletti* hineingeben und bei schwacher Hitze 2–3 Minuten garen. • Auf vorgewärmten Suppentellern mit der Brühe servieren.

Für 4–5 Personen
Vorbereitungszeit: 1 Stunde +
3 Stunden Ruhezeit für den Teig und die „cappelletti"
Garzeit: 2–3 Minuten
Schwierigkeitsgrad: anspruchsvoll

1 Portion Pastateig (s. Rezept S. 46–47)

Für die Füllung:
180 g weicher Frischkäse (Raviggiolo oder Crescenza)
180 g Ricotta
80 g Parmesan, frisch gerieben
2 Eier
1 Prise frisch geriebene Muskatnuss
Salz
1,5 l Fleischbrühe

Empfohlener Wein: ein junger trockener Rotwein (Colli Piacentini Pinot Nero)

Cappelletti werden traditionell in heißer Brühe serviert, die man aus Fleisch und Geflügel zubereitet. Manche Köche geben der Füllung eine halbe, fein zerkleinerte Hühnerbrust hinzu.

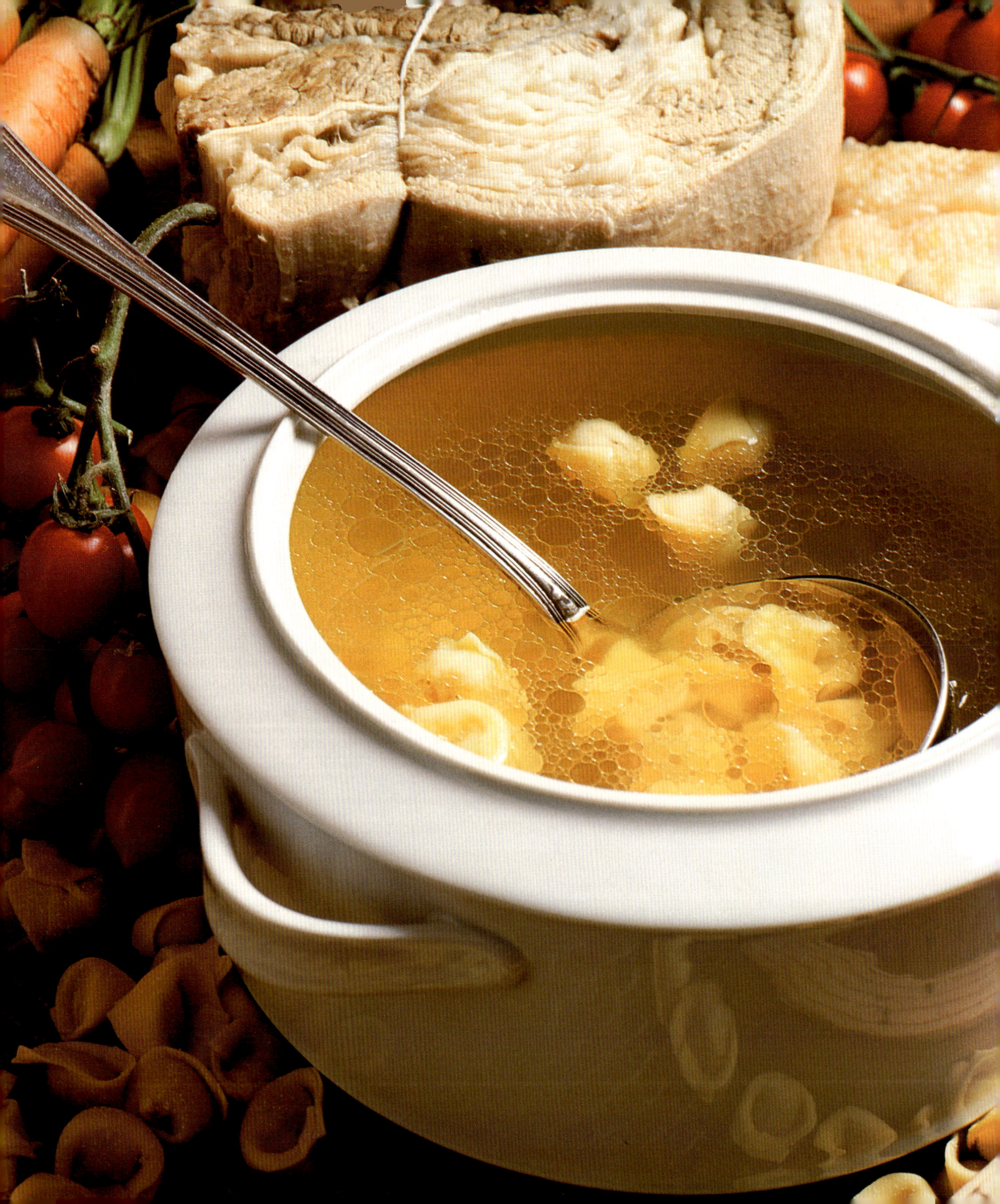

Primi piatti

Tortellini in brodo
Tortellini in Fleischbrühe

Für 4–5 Personen
Vorbereitungszeit: 1 Stunde +
3 Stunden Ruhezeit für den Pastateig und die „tortellini"
Garzeit: 2 Stunden
Schwierigkeitsgrad: anspruchsvoll

1 Portion Pastateig (s. Rezept S. 46–47)

Für die Füllung:
2 EL Butter
125 g mageres Schweinefleisch (Lende), in kleine Stücke geschnitten
125 g Mortadella
100 g roher Schinken
1 Ei
200 g Parmesan, frisch gerieben
1 Prise frisch geriebene Muskatnuss
Salz
Frisch gemahlener schwarzer Pfeffer

1,5 l Fleischbrühe

Empfohlener Wein: ein trockener oder halbtrockener leicht perlender Rotwein (Lambrusco Grasparossa di Castelvetro)

Den Pastateig wie auf S. 46–47 beschrieben zubereiten. Den Teig zu einer Kugel formen, in Frischhaltefolie wickeln und etwa 1 Stunde ruhen lassen. • Die Butter in einer Pfanne erhitzen. Das Schweinefleisch darin bei mittlerer Hitze braten. Das abgekühlte Fleisch mit der Mortadella und dem Schinken durch den Wolf drehen. • In einer Schüssel die Fleischmischung mit dem Ei sowie mit Parmesan, Muskat, Salz und Pfeffer vermischen. (Diese Füllung kann auch am Vortag zubereitet werden.) • Den Teig dünn ausrollen. Mit einem Teigrädchen Quadrate von 4 cm Seitenlänge ausschneiden. • Jeweils eine etwa kirschgroße Menge Füllung auf die Quadrate setzen und zwei gegenüberliegende Ecken der Quadrate darüber zusammenführen, so dass ein Dreieck entsteht. Die Ränder fest zusammendrücken. Die obere Spitze jeweils leicht andrücken und die *tortellini* wie einen Ring um den Zeigefinger biegen. Die beiden Enden fest zusammenpressen. Die fertigen *tortellini* nebeneinander auf ein sauberes Küchentuch setzen und 2 Stunden trocknen lassen. • Die Brühe aufkochen und die *tortellini* darin bei schwacher Hitze (damit sie nicht auseinanderfallen) 2–3 Minuten garen. • Auf tiefen Suppentellern mit Brühe servieren.

In Varianten – und mit anderen Namen – ist diese Pastaspezialität in der ganzen Emilia Romagna bekannt. Unser Rezept ist typisch für die Region um Bologna. Das klassische Bologneser Rezept enthält 2 EL Rindermark und soll das älteste sein. Jeder Koch aber ist stolz auf die eigenen Rezepte seiner Familie.

Primi piatti

Cappellacci di zucca
Cappellacci mit Kürbisfüllung

Für 4–5 Personen
Vorbereitungszeit: 1 Stunde +
3 Stunden Ruhezeit für den Pastateig
und die „cappellacci"
Garzeit: 30 Minuten
Schwierigkeitsgrad: anspruchsvoll

Für die Füllung:
1,3 kg Riesen- oder Muskatkürbis
200 g Parmesan, frisch gerieben
1 Ei
1 Prise frisch geriebene Muskatnuss
50 g feine Semmelbrösel
Salz
1 Portion Pastateig (s. Rezept S. 46–47)
100 g Butter, zerlassen

Empfohlener Wein: ein trockener oder halbtrockener leicht perlender Rotwein (Lambrusco di Sorbara)

Den Kürbis nicht schälen, aber von den Kernen und Fasern befreien und in etwa 4 cm dicke Scheiben schneiden. • Auf einem Backblech verteilen und im vorgeheizten Ofen bei 200 °C (Umluft 180 °C) backen, bis das Kürbisfleisch weich ist. • Das Fleisch von der Schale lösen und noch heiß durch ein Sieb in eine Rührschüssel passieren. • Mit 150 g Parmesan, dem Ei sowie Muskat, Semmelbröseln und Salz vermischen. • Die Schüssel mit Frischhaltefolie bedecken und 2 Stunden stehen lassen. Den Pastateig wie auf S. 46–47 beschrieben zubereiten. Zu einer Kugel formen, in Frischhaltefolie wickeln und etwa 1 Stunde ruhen lassen. • Den Teig so dünn wie möglich ausrollen. Mit einem Teigrädchen Quadrate von 8 cm Seitenlänge ausschneiden und jeweils mit ½ TL Füllung belegen. Ebenso wie die *tortellini* auf S. 35 formen. • In einem großen Topf mit köchelndem Wasser garen, bis die *cappellacci* an die Oberfläche steigen. • Mit Butter beträufelt und mit dem restlichen Parmesan bestreut heiß servieren.

Die Verwendung von Kürbisfleisch als Füllung für Pasta stammt vom Ferrareser Hof der Herzöge von Este, die diese süße Geschmacksnote sehr schätzten. Wie bei den *tortellini* gibt es auch von dieser Spezialität viele Varianten. In Mantua mischt man 125 g fein zerstoßene *amaretti* (Mandelmakronen) unter die Füllung.

Primi piatti

Passatelli
Brühe mit Käsenocken

Parmesan, Semmelbrösel und Eier in einer Rührschüssel gut vermischen. • Das Rindermark in einem kleinen Topf leicht erhitzen und mit der Semmelbröselmasse vermischen. • Muskat, Zitronenschale und Salz untermischen und alles 30 Minuten ruhen lassen. • Die Rinderbrühe aufkochen. Die Teigmasse über dem Topf mit der Brühe portionsweise durch eine Spätzlepresse drücken oder wie Spätzle von einem Brett schaben. Ist die Masse zu fest, etwas Brühe unterrühren, ist sie zu weich, zusätzlich Semmelbrösel untermischen. • In der köchelnden Brühe gar ziehen lassen, bis die Suppeneinlage an die Oberfläche steigt. • Den Herd ausschalten. Die Suppe vor dem Servieren einige Minuten stehen lassen.

Für 4–5 Personen
Vorbereitungszeit: 25 Minuten + 30 Minuten Ruhezeit für die Käsemischung
Garzeit: 4–5 Minuten
Schwierigkeitsgrad: einfach

125 g Parmesan, frisch gerieben
150 g sehr feine Semmelbrösel
3 Eier
25 g Rindermark (nach Belieben ersatzweise Butter verwenden)
1 Prise frisch geriebene Muskatnuss
Abgeriebene Schale von 1 unbehandelten Zitrone
Salz
1,5 l Rinderbrühe (selbst zubereitet oder aus Brühwürfeln)

Empfohlener Wein: ein trockener fruchtiger Weißwein (Colli Piacentini Chardonnay)

Die Brühe mit der spätzleähnlichen Suppeneinlage gilt zwar als Spezialität der Romagna, doch wird sie überall in der Emilia Romagna serviert.

Primi piatti

Lasagne alla bolognese
Lasagne Bologneser Art

Für 4–5 Personen
Vorbereitungszeit: 30 Minuten +
1 Stunde Ruhezeit für den Pastateig
Garzeit: 1½ Stunden
Schwierigkeitsgrad: relativ einfach

250 g frischer Spinat, blanchiert und abgetropft
1 Portion Pastateig (s. Rezept S. 46–47)
1 Portion Fleischsauce (s. Rezept S. 40)

Für die Béchamelsauce:
60 g Butter
60 g Mehl
500 ml heiße Milch
1 Prise frisch geriebene Muskatnuss
Salz

1 EL natives Olivenöl extra
300 g Parmesan, frisch gerieben
1 ½ EL Butter

Empfohlener Wein: ein junger kräftiger Rotwein (Colli Bolognesi Barbera)

Diese Spezialität gehört nach den *gnocchi* zu den ältesten Pastasorten und wird in Italien als *lasagne*, *vincisgrassi* oder *sagne* serviert. Es gibt zwei Arten von Lasagne: lange, bandnudelartige Pasta, *pappardelle* genannt, und die dicken, 10–15 cm langen Scheiben, die mindestens 6–7 cm breit sind und mit verschiedenen Füllungen und Saucen im Ofen gebacken werden. Unser klassisches Rezept mit Spinat ist ein traditionsreiches Gericht aus Bologna.

Den Spinat ausdrücken und sehr fein hacken. • Den Pastateig wie auf S. 46–47 beschrieben zubereiten. Dabei den Spinat mit den Eiern unter den Teig arbeiten. Den Teig zu einer Kugel formen, in Frischhaltefolie wickeln und etwa 1 Stunde ruhen lassen. • Die Fleischsauce wie beschrieben zubereiten. • Den Pastateig 2–3 mm dick ausrollen und zu Lasagnescheiben in Rechtecke (15 x 10 cm) schneiden. • Für die Béchamelsauce die Butter in einem Topf zerlassen. Das Mehl einrühren und etwa 1 Minute bei schwacher Hitze anschwitzen. • Den Topf vom Herd nehmen. Unter ständigem Rühren nach und nach die Milch dazugießen. Wieder auf den Herd stellen und 5 Minuten köcheln lassen, dabei ständig mit einem Holzlöffel umrühren. Mit Muskat und Salz abschmecken. • Wasser in einem großen Topf zum Kochen bringen. Salz und Olivenöl hinzufügen. Die Lasagnescheiben ins Wasser geben und 2–3 Minuten garen. • Aus dem Wasser nehmen, abtropfen lassen und auf sauberen, trockenen Küchentüchern für einige Minuten ausbreiten. • In einer rechteckigen, tiefen Auflaufform eine dünne Schicht Fleischsauce verteilen und mit einer Schicht Lasagnescheiben belegen. Darüber etwas Béchamelsauce verteilen und mit etwas Parmesan bestreuen. Auf diese Weise mehrmals verfahren, bis alle Zutaten aufgebraucht sind. Mit einer Schicht Lasagnescheiben und der restlichen Béchamelsauce abschließen. Mit dem übrigen Parmesan bestreuen. • Darüber Butterflöckchen verteilen. Im vorgeheizten Backofen bei 190 °C (Umluft 170 °C) 30 Minuten backen. • Vor dem Servieren 5 Minuten stehen lassen.

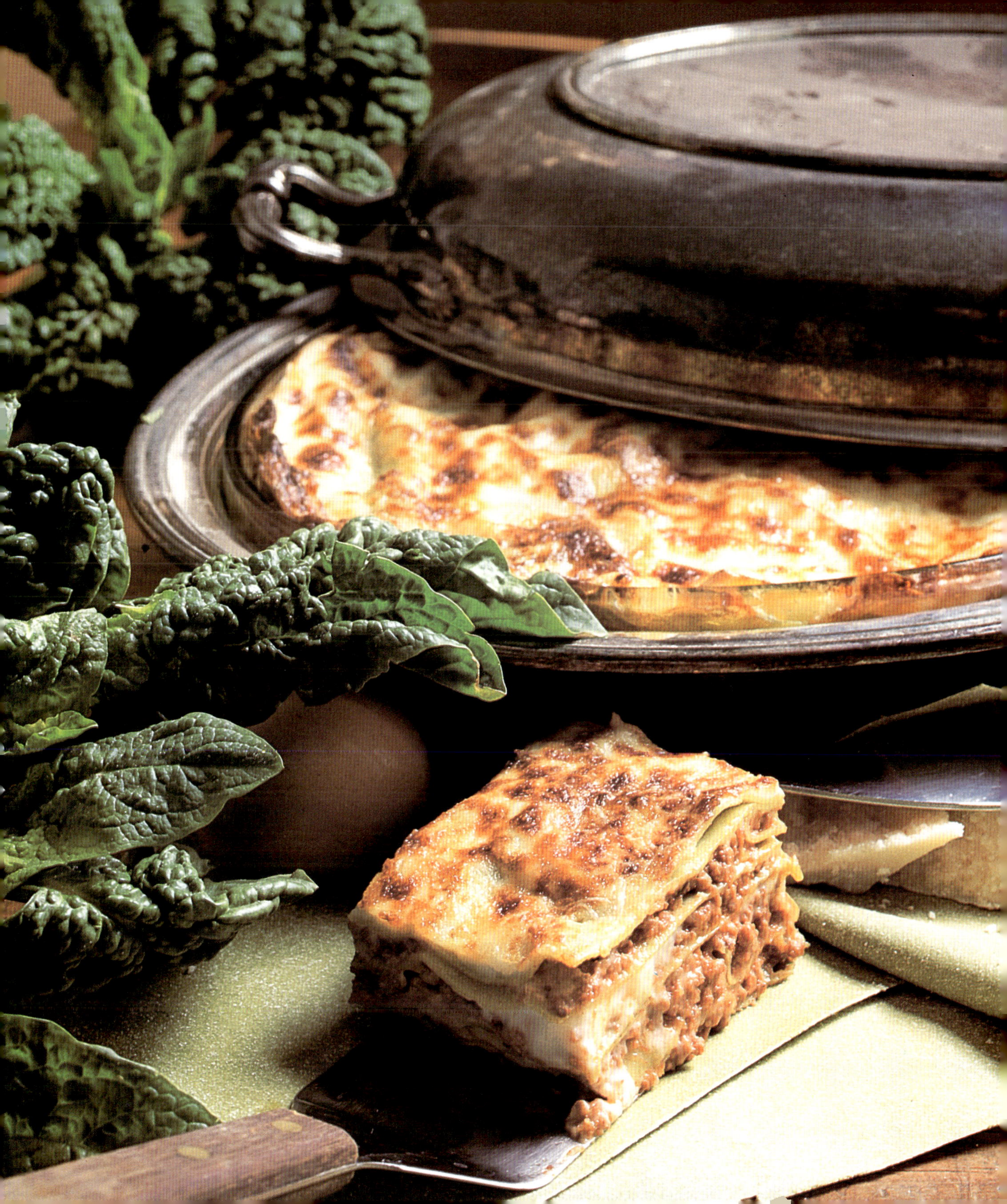

Parmesan

Der Parmesan gilt vielerorts als der „Champagner" unter den Käsesorten und ist von solch großer Bedeutung für die Geschichte und den Lebensstil der Italiener, dass er sogar einen Platz in Boccaccios *Dekameron* erhielt. Die Ursprünge dieser Käsesorte liegen in vergangenen Zeiten und sind nicht genau bekannt, doch wahrscheinlich stellte man Parmesan erstmals in mittelalterlichen Klöstern her. Kornspeicher und Kuhställe wurden zum Teil auch für die Milchverarbeitung genutzt und entwickelten sich nach und nach zu Käsereien. Hier schufen Mönche einen Käse, der dem Parmesan von heute ähnlich gewesen sein dürfte. Sie stellten fest, dass man durch zweifaches Erhitzen der Milch bei kontrollierter Temperatur einen höheren Eiweißgehalt erzielte, was zu einer festeren Konsistenz des Käses und sehr geringem Molkerückstand führte.

Parmesan wird in den Provinzen Parma, Reggio Emilia, Modena und Bologna erzeugt (sowie im lombardischen Mantua). Nach italienischem Gesetz dürfen jedoch nur Parma, Modena und Reggio Emilia den geschützten Namen *„parmigiano reggiano"* verwenden. Außerhalb dieses Gebiets heißt der Käse *„grana"*.

FLEISCHSAUCE

2 EL Butter
1 Zwiebel, fein gehackt
1 Möhre, fein geraspelt
1 Stange Bleichsellerie, in kleine Stücke geschnitten
150 g Hühnerleber, vorbereitet und gehackt
250 g mageres Hackfleisch vom Schwein
250 g mageres Hackfleisch vom Rind
250 ml trockener Rotwein
300 g passierte Tomaten *(passata)*
Salz und frisch gemahlener schwarzer Pfeffer

Die Butter in einem großen Topf mit schwerem Boden zerlassen. Zwiebel, Möhre und Sellerie darin sautieren. Hühnerleber und Fleisch hinzufügen, den Wein dazugießen und einkochen lassen. Die Tomaten unterrühren. Mit Salz und Pfeffer abschmecken. Zugedeckt mindestens 50 Minuten köcheln lassen.

Parmesan

Echter Parmesan wird ausschließlich aus der Milch von Kühen erzeugt, die weiden konnten und kein Zusatzfutter erhalten haben. Die Herstellung erfolgt in den Sommermonaten zwischen Mai und Oktober. Nach dem Salzen, einem Vorgang von etwa 30 Tagen, reift der Käse in großen zylindrischen Formen mindestens ein Jahr lang – bis gegen Ende des Sommers des folgenden Jahrs. Die Reifung besonderer Sorten dauert sogar mehrere Jahre: Sie sind als „stravecchi" (sehr alt) bekannt. Um nur einen Käselaib herzustellen, benötigt man über 500 l Kuhmilch.

In der Geschichte fand der Parmesan immer wieder Erwähnung. Quellen aus der Renaissance belegen, dass man ihn nach Konstantinopel, Paris, Wien und London exportierte. In Giovanni Boccaccios „Dekameron" wird in einer der Geschichten ein Berg aus Parmesan im Land Bengodi (einer Art Schlaraffenland) beschrieben. Auf dem Gipfel stellen fleißige Menschen „ravioli" und „tortelli" her.

Parmesan harmoniert wunderbar mit Spumante (Sekt) oder einem „vino frizzante" (Perlwein) wie etwa Lambrusco. Er ist ein delikater Appetitmacher und passt auch gut zu einer Reihe von Vorspeisen. Ehe die Tomate in Europa eingeführt wurde, war Parmesan in ganz Italien die bevorzugte Beigabe für Pasta. Aufbewahren sollte man Parmesan im Kühlschrank, und zwar in ein sauberes Küchentuch gewickelt. So bewahrt man sein Aroma und verhindert unangenehme Schimmelbildung.

Parmesan ist ein Hartkäse, der sehr langsam reift. Für die Herstellung wird der Bruch nach der Hälfte des Gerinnungsprozesses teilweise ausgepresst. An diesen Bruch gibt man dann wieder Molke, die von der vorherigen Menge zurückgeblieben ist. Diese Herstellungsweise ist seit über 700 Jahren unverändert.

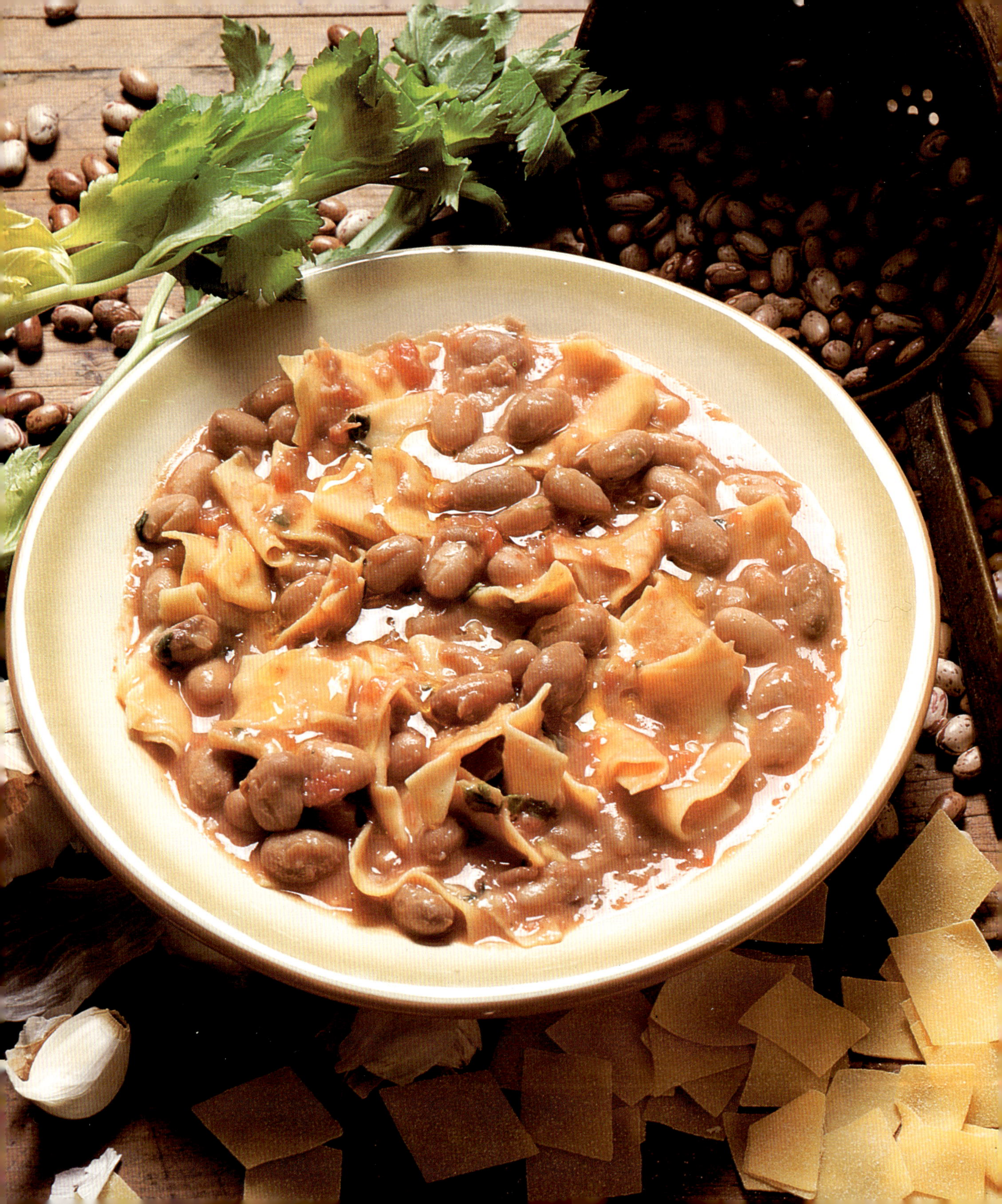

Malmaritati
Suppe mit Nudeln und Bohnen

Den Pastateig wie auf S. 46–47 beschrieben zubereiten. Zu einer Kugel formen, in Frischhaltefolie wickeln und etwa 1 Stunde ruhen lassen. ● Den Teig dünn ausrollen und in ungleichmäßige Rauten schneiden. Dafür den Teig zuerst diagonal in Streifen und dann nochmals entgegengesetzt diagonal schneiden (früher, als jeden Tag frische Pasta zubereitet wurde, verwendete man für *maltagliati* übriggebliebene Teigstücke). ● Die Bohnen in einem hohen Topf mit Wasser bedecken, Zwiebel, Möhre und Sellerie hinzufügen, aber noch nicht salzen. Aufkochen und 2 Stunden bei schwacher Hitze garen. ● Wenn die Bohnen sehr weich sind, die Hälfte davon durch ein Sieb passieren und mit Salz abschmecken. Die übrigen Bohnen in der Garflüssigkeit beiseite stellen. ● Das Öl in einem großen Topf mit schwerem Boden erhitzen. Den Knoblauch hineingeben und braten, bis er sich zu verfärben beginnt. Dann den Knoblauch entfernen. ● Petersilie und Tomaten in das Öl geben und ohne Deckel leicht einkochen lassen. Passierte Bohnen sowie die Bohnen mit der Garflüssigkeit unterrühren. ● Die Suppe aufkochen. Die *maltagliati* dazugeben und 3–4 Minuten mitgaren. ● Die Suppe heiß servieren und auf jeder Portion etwas Olivenöl und Parmesan verteilen.

Für 4–5 Personen
Vorbereitungszeit: 30 Minuten +
1 Stunde Ruhezeit für den Pastateig
Garzeit: 2 ½ Stunden
Schwierigkeitsgrad: relativ einfach

Für die *maltagliati*:
¾ Portion Pastateig (s. Rezept S. 46–47)

Für die Suppe:
300 g getrocknete Borlotti- oder Kidney-Bohnen, über Nacht eingeweicht, oder 1 kg frische Bohnenkerne
1 kleine Zwiebel, geschält
1 Möhre, geschält und geputzt
1 Stange Bleichsellerie, geputzt
Salz
125 ml natives Olivenöl extra, zusätzlich Öl zum Servieren
1 Knoblauchzehe, geschält und leicht zerdrückt
1 EL fein gehackte frische Petersilie
200 g Tomaten (ersatzweise italienische Tomaten aus der Dose, abgetropft)
30 g Parmesan, frisch gerieben

Empfohlener Wein: ein junger trockener Rotwein (Bosco Eliceo Merlot)

Die wichtigste Zutat für diese dicke Suppe sind *maltagliati* (wörtlich „schlecht geschnittene" Pasta), die man auch für *Minestrone* verwendet. Heiß serviert ist die Bohnensuppe im Winter eine herrliche Vorspeise. Im Sommer schmeckt sie auch kalt. Man kann auch getrocknete *ditalini* verwenden. Diese in gesalzenem Wasser bissfest garen, ehe man sie an die Suppe gibt. Für eine besonders aromatische Suppe 1 EL fein gehackten frischen Rosmarin mit der Petersilie und den Tomaten zugeben.

Primi piatti

Garganelli con ragù e pisellini
Garganelli mit Fleischsauce und Erbsen

Für 4–5 Personen
*Vorbereitungszeit: 45 Minuten +
1 Stunde Ruhezeit für den Pastateig
Garzeit: etwa 1 Stunde
Schwierigkeitsgrad: relativ einfach*

1 Portion Pastateig (s. Rezept S. 46–47)
2 EL Parmesan, frisch gerieben
1 Prise geriebene Muskatnuss
1 Prise Salz

1 Portion Fleischsauce (s. Rezept S. 40)
100 g gepalte frische Erbsen oder Tiefkühlerbsen

Empfohlener Wein: ein junger trockener Rotwein (Sangiovese di Romagna)

Den Pastateig wie auf S. 46–47 beschrieben zubereiten. Dabei Parmesan, Muskat und Salz mit den Eiern unterarbeiten. Den Teig zu einer Kugel formen, in Frischhaltefolie wickeln und etwa 1 Stunde ruhen lassen. • Die Fleischsauce nach den Angaben auf S. 40 zubereiten, 10 Minuten vor Ende der Garzeit die Erbsen hinzufügen. • Den Pastateig sehr dünn ausrollen. • Mit einem glatten Teigrädchen oder einem Messer Quadrate von 6–7 cm Seitenlänge ausschneiden. • Um die *garganelli* zu formen, einen großen sauberen Kamm mit den Zinken nach hinten auf die Arbeitsfläche legen. Ein Teigquadrat so auf die Zinken legen, dass eine Ecke nach vorne weist. Einen glatten Bleistift parallel zum Kamm auf diese Ecke legen und das Teigquadrat aufrollen. Den Teig dabei in die Zinken drücken. Den fertig geformten *garganello* vom Bleistift schieben. Mit den übrigen Quadraten ebenso verfahren. • In einem großen Topf Wasser zum Kochen bringen und Salz zufügen. Die *garganelli* hineingeben und in höchstens 5 Minuten bei schwacher Hitze garen. • Gut abtropfen lassen, vorsichtig mit der Fleischsauce vermischen und servieren. • *Garganelli* sind auch eine sehr gute Suppeneinlage für heiße Fleisch- oder Gemüsebrühe.

Garganelli sind eine Spezialität aus Lugo di Romagna. Der Name für die kleinen, selbstgemachten Makkaroni stammt von einem Dialektwort für Hühnermagen, er spielt auf das quer verlaufende Rillenmuster an. Italienische Köche verwenden einen mit dünnem Draht bespannten Holzrahmen (10 x 25 cm) sowie einen glatten, bleistiftdicken Holzstab, um die Teigquadrate aufzurollen. Man kann aber auch einen sehr sauberen großen Kamm und einen Bleistift benutzen.

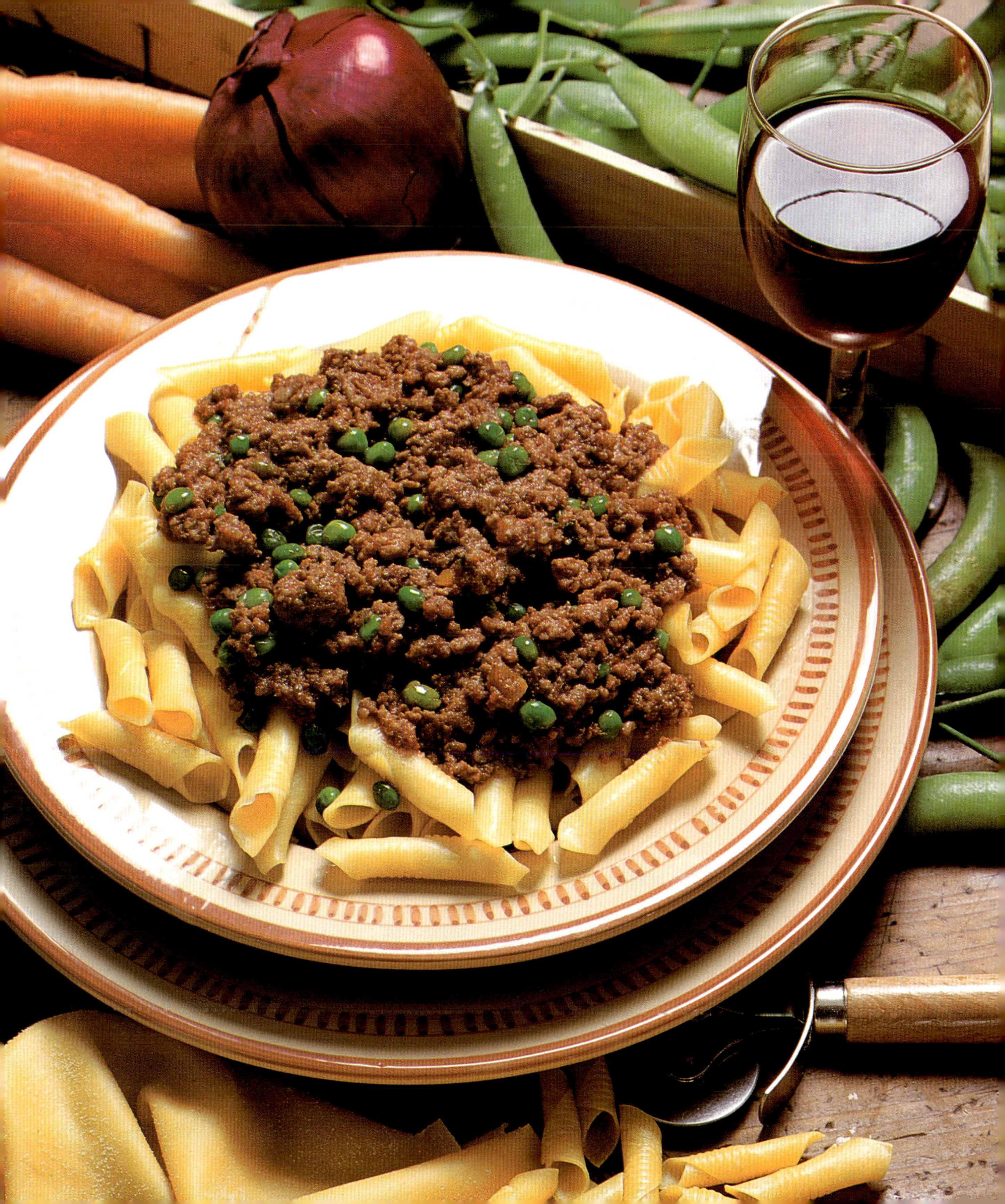

Frische Pasta

Tagliatelle

In der Emilia Romagna bildet das gute Essen einen wichtigen Teil des Lebens. Darum ist es auch nicht verwunderlich, dass die Küche der Region viele herzhafte typische Aromen zu bieten hat, die in den besten Speisen kombiniert werden. Die weiche Konsistenz und der verlockende Geschmack frisch zubereiteter Pasta, gefüllt oder ungefüllt, mit Butter, Kräuter- und Fleischsaucen oder in Brühe, gehört sicherlich zu den Höhepunkten der regionalen Kochtradition. Den guten Ruf verdankt frische hausgemachte Pasta, die *pasta fatta in casa*, dem Teig – einer einfachen Mischung aus Eiern, Mehl, Salz und Wasser, die die Frauen der Emilia (denn dies ist traditionell eine weibliche Fertigkeit) mit Leidenschaft und Präzision mit dem Nudelholz bearbeiten, bis ein sehr dünner Pastateig entstanden ist.

Bei „tagliatelle" handelt es sich um die einfachste Sorte frischer Pasta. Erstmals schriftlich erwähnt wurden sie in der zweiten Hälfte des 16. Jahrhunderts in einem Bericht über das Hochzeitsbankett von Lucrezia Borgia und dem Herzog von Ferrara. Lucrezias lange blonde Haare sollen den Koch, der die Bandnudeln kreierte, einen gewissen Meister Zafirano, zu der Form inspiriert haben. Tagliatelle sind eine Bologneser Spezialität und werden traditionell mit „Ragù" serviert, der kräftigen Fleischsauce, die ebenfalls aus dieser Stadt stammt.

„Tortellini" soll ein Gastwirt erfunden haben, der eine schöne Dame durch das Schlüsselloch beim Auskleiden beobachtet hatte und in wilder Leidenschaft ihren Bauchnabel mit Pastateig zu kopieren versuchte. Kleine, mit Fleisch (Schwein, Huhn und Schinken) gefüllte „tortellini" sind eine Spezialität aus Bologna. In Piacenza und Parma heißen sie „anolini", und die wichtigste Zutat für die Füllung ist geschmortes Rindfleisch; in Reggio nell'Emilia nennt man sie „cappelletti" und füllt sie mit Kalb, Rind, Schwein oder Schinken; die etwas größeren „cappellacci" stammen aus Ferrara. Tortellini serviert man in Brühe oder zu Fleischsauce.

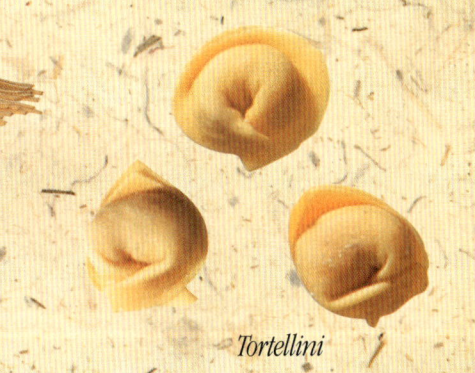

Cappelletti

Tortelloni

Tortellini

Frische Pasta

Selbstgemachte Pasta ist sehr schmackhaft, und die Zubereitung macht Spaß. Unerlässlich ist dabei ein langes dünnes Nudelholz aus Hartholz. In der Emilia können diese Nudelhölzer bis zu 1,5 m lang sein und einen Durchmesser von maximal 5 cm haben. Außerdem benötigt man ein Backbrett aus weichem Holz, das ganz eben sein sollte (zur Not tut es aber auch die Arbeitsfläche). Ein Teigrädchen und ein scharfes Messer mit langer, gerader Schneide sind ebenfalls sehr nützlich.

DIE ZUTATEN FÜR PASTATEIG

Für 4 großzügig bemessene Portionen benötigt man 400 g Mehl und 4 mittelgroße Eier. Das Mehl mit etwas Salz auf die Arbeitsfläche geben und eine Mulde in die Mitte drücken. Die Eier nacheinander hineingeben und mit einer Gabel nach und nach unter das Mehl arbeiten. Wenn sie nicht mehr flüssig ist, die Mischung mit den Händen zu einem glatten und feuchten, aber relativ festen Teig verarbeiten.

Um die Konsistenz zu prüfen, einen Finger in den Teig drücken. Bleibt beim Herausziehen kein Teig daran kleben, kann man ihn kneten. Ist der Teig zu feucht, etwas Mehl untermengen, ist er zu trocken, ein wenig Wasser hinzufügen. Den Teig zu einer Kugel formen.

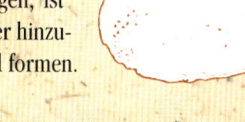

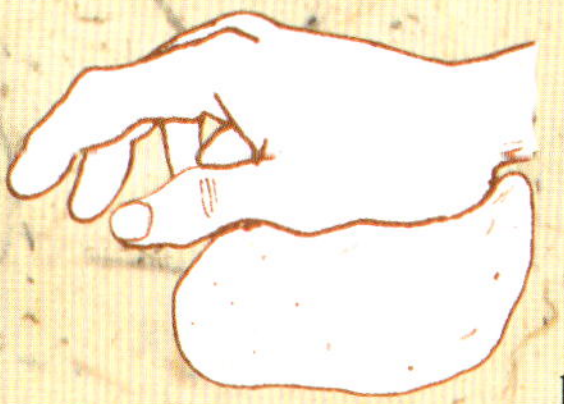

DEN TEIG KNETEN

Die Arbeitsfläche reinigen und mit Mehl bestäuben. Den Pastateig daraufgeben und mit den Handballen hin und her kneten. Den leicht auseinandergedrückten Teig um die Hälfte zusammenklappen, um ein Viertel drehen und den Vorgang wiederholen. Etwa 10 Minuten kneten, bis ein sehr glatter, elastischer Teig entstanden ist. Eine Kugel formen und den Teig auf einem Teller mit einer gestürzten Schüssel bedecken. Mindestens 15–20 Minuten stehen lassen.

DEN TEIG VON HAND AUSROLLEN

Die Teigkugel auf eine flache, saubere Arbeitsfläche legen und mit der Hand flachdrücken. Das Nudelholz in der Mitte ansetzen und den Teig mit vorsichtigem, aber festem Druck vom Körper weg ausrollen. Den Teig um ein Viertel drehen und den Vorgang wiederholen. Wenn eine große Teigplatte von 5 mm Dicke entstanden ist, den gegenüberliegenden Teigrand um das Nudelholz wickeln und den anderen Rand mit der Hand festhalten. Während der Pastateig auf das Nudelholz gerollt wird, diesen vorsichtig auseinanderziehen. Den Teig wieder abrollen, um ein Viertel drehen und den Vorgang wiederholen. Den Teig aufrollen und auseinanderziehen, bis er durchscheinend ist.

DEN TEIG MIT DER MASCHINE AUSROLLEN

Den Teig in mehrere Stücke teilen und mit der Hand flachdrücken. Den größten Walzenabstand einstellen und die Teigstücke auswalzen. Den Walzenabstand um eine Stufe reduzieren und den Teig erneut durchdrehen. Wiederholen, bis alle Stücke bei geringstem Abstand ausgewalzt wurden.

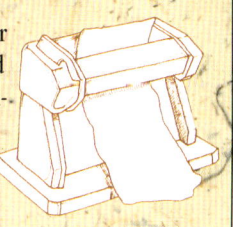

Primi piatti

Pasta ripiena alla brisighellese
Pasta mit Käsefüllung

Für 4–5 Personen
Vorbereitungszeit: 1 Stunde +
1 Stunde Ruhezeit für den Pastateig
Garzeit: 10 Minuten
Schwierigkeitsgrad: relativ einfach

½ **Portion Pastateig** (s. Rezept S. 46–47)

Für die Füllung:
150 g **weicher Frischkäse** (*squaquaron*, *crescenza*, *robiola* oder *ricotta*)
100 g **Parmesan**, frisch gerieben
2 **Eier**
Salz
1,5 l **Rinderbrühe** (selbst zubereitet oder aus Brühwürfeln)

Empfohlener Wein: ein junger trockener Rotwein (Colli Piacentini Barbera)

Den Pastateig wie auf S. 46–47 beschrieben zubereiten. Zu einer Kugel formen, in Frischhaltefolie wickeln und etwa 1 Stunde ruhen lassen. • In einer Schüssel Frischkäse, Parmesan, Eier und 1 Prise Salz vermischen. • Den Pastateig sehr dünn ausrollen und zur Hälfte gleichmäßig mit der Käsemischung bestreichen. • Die andere Hälfte über die Füllung klappen. Mit dem Nudelholz leicht darüberrollen, damit die Lagen fest aneinander haften. • Mit einem Teigrädchen Quadrate von 2 cm Seitenlänge ausschneiden. • Die Rinderbrühe aufkochen, die Pasta hineingeben und 10 Minuten bei schwacher Hitze garen. • Mit der Brühe sehr heiß servieren.

Primi piatti

Bomba di riso alla piacentina
Reis Piacenzer Art

Für 5–6 Personen
Vorbereitungszeit: 40 Minuten
Garzeit: etwa 1 Stunde
Schwierigkeitsgrad: relativ einfach

Die Taube waschen und mit Küchenpapier trockentupfen. In 5–6 Stücke zerteilen. • In einem Topf mit schwerem Boden 50 g Butter zerlassen und die Zwiebel einige Minuten bei mittlerer Hitze darin braten. • Das Fleisch mit den Salbeiblättern hinzufügen und rundum braun anbraten. • Den Wein dazugießen und ohne Deckel einkochen lassen. • Das aufgelöste Tomatenmark einrühren. Zugedeckt bei schwacher Hitze etwa 20 Minuten köcheln lassen. Ab und zu die Fleischstücke wenden. • Wasser in einem großen Topf aufkochen und salzen. Den Reis darin 8 Minuten garen. Abgießen, abtropfen lassen und in eine große Schüssel geben. • Bratensaft, Eier, Parmesan und 25 g Butter untermischen. Mit Salz und Pfeffer abschmecken. • Eine große runde Auflaufform mit der restlichen Butter einfetten und mit 40 g Semmelbröseln ausstreuen. • Zwei Drittel der Reismischung in die Form füllen und am Boden und den Rändern festdrücken. Die Fleischstücke in der Mitte verteilen. Mit der restlichen Reismischung bedecken und mit den übrigen Semmelbröseln bestreuen. • Im vorgeheizten Backofen bei 180 °C (Umluft 160 °C) 40 Minuten backen. • Aus dem Ofen nehmen und 10 Minuten stehen lassen. Vorsichtig auf einen vorgewärmten Teller stürzen und servieren.

1 küchenfertige Taube
100 g Butter
1 Zwiebel, in sehr dünne Scheiben geschnitten
2 frische Salbeiblätter
125 ml trockener Weißwein
1 TL Tomatenmark, in 125 ml kaltem Wasser aufgelöst
Salz
500 g italienischer Risottoreis (Arborio)
2 Eier
60 g Parmesan, frisch gerieben
60 g feine Semmelbrösel
Frisch gemahlener schwarzer Pfeffer

Empfohlener Wein: ein trockener leicht perlender Rotwein (Lambrusco di Sorbara)

Dieses Gericht wird in Piacenza traditionell jedes Jahr am 15. August zu Mariä Himmelfahrt serviert.

Primi piatti

Rotolo ripieno
Pikant gefüllte Pasta-Roulade

Für 4–5 Personen
Vorbereitungszeit: 1 Stunde +
1 Stunde Ruhezeit für den Pastateig
Vorbereitungszeit: etwa 1 1/2 Stunden
Schwierigkeitsgrad: anspruchsvoll

1 Portion Pastateig (s. Rezept S. 46–47)

Für die Füllung:
1 kg frischer Spinat
200 g Butter
100 g Parmesan, frisch gerieben
200 g frische Champignons, geputzt und in dünne Scheiben geschnitten, oder 40 g getrocknete Steinpilze, in warmem Wasser eingeweicht
200 g Hühnerleber, küchenfertig vorbereitet, kleingeschnitten
100 g grobes Wurstbrät
200 g mageres Kalbfleisch, durch den Wolf gedreht
Salz

Empfohlener Wein: ein trockener Rotwein (Sangiovese di Romagna)

Das Gericht ist mit zahlreichen Füllungen in der ganzen Region verbreitet. Diese Variante ist die traditionellste und stammt aus der Romagna. Für eine vegetarische Füllung die Fleischmischung mit Kalb, Wurstmasse und Hühnerleber durch 800 g Ricotta ersetzen, mit dem Spinat vermischen und nach Geschmack würzen.

Den Pastateig wie auf S. 46–47 beschrieben zubereiten. Zu einer Kugel formen, in Frischhaltefolie wickeln und etwa 1 Stunde ruhen lassen. • Den Teig dünn zu einem Rechteck (30 x 40 cm) ausrollen und mit einem sauberen Küchentuch oder Frischhaltefolie bedecken, damit er nicht austrocknet. • Den Spinat gründlich waschen und ohne zusätzliches Wasser in einem Topf dünsten, bis er weich ist. • Den Spinat kräftig ausdrücken und grob hacken. • In einer Pfanne 2 EL Butter zerlassen. Den Spinat darin sautieren und 1 EL Parmesan unterrühren. • In einer anderen Pfanne nochmals 2 EL Butter zerlassen und die Pilze darin 4–5 Minuten braten. • Die Hühnerleber fein zerkleinern. 60 g Butter in einem Topf zerlassen. Wurstmasse, Hühnerleber und Kalbfleisch hineingeben und bei schwacher Hitze anbraten. Mit Salz würzen und 10 Minuten braten, bei Bedarf etwas Wasser dazugießen. • Die Fleischmischung leicht abkühlen lassen und auf den Pastateig streichen. Rundum einen etwa 2 cm breiten Rand frei lassen. Die gebratenen Pilze darüber verteilen und alles mit einer gleichmäßigen Schicht Spinat bedecken. • Den Rand einer der Längsseiten nach innen klappen und das Pastarechteck vorsichtig zu einer länglichen Roulade aufrollen. • Die Pasta-Roulade fest in ein großes Musselintuch einwickeln, die Enden mit Küchengarn zubinden. • Wasser in einer ovalen Kasserole zum Kochen bringen und die Roulade darin bei schwacher Hitze 50 Minuten garen. • Vorsichtig aus dem Wasser nehmen und leicht abkühlen lassen, ehe das Musselintuch entfernt wird. • Die Roulade in 1 cm dicke Scheiben schneiden. Auf einer vorgewärmten feuerfesten Platte mit der restlichen zerlassenen Butter beträufelt und dem übrigen Parmesan bestreut servieren. • Nach Belieben 5 Minuten im vorgeheizten Ofen bei 250 °C (Umluft 230 °C) überbacken.

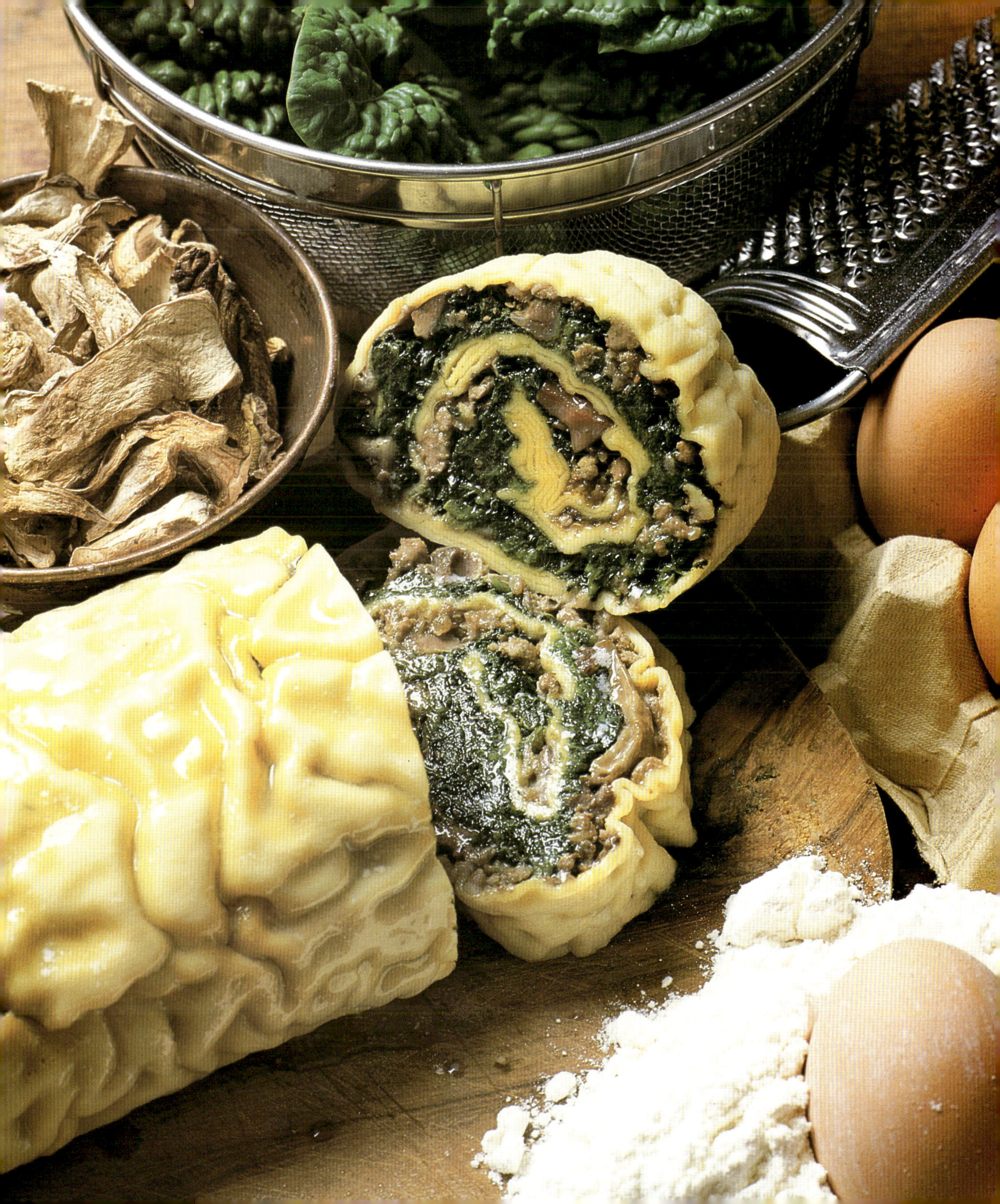

Primi piatti

Zuppa di poveracce
Herzhafte Muschelsuppe

Für 4–5 Personen
Vorbereitungszeit: 30 Minuten +
1–2 Stunden, um die Muscheln zu wässern
Garzeit: 25 Minuten
Schwierigkeitsgrad: einfach

1,3 kg kleine Venusmuscheln
125 ml natives Olivenöl extra
3 Knoblauchzehen, zerdrückt
300 g Tomaten, enthäutet, vom Stielansatz befreit und gehackt, oder italienische Tomaten aus der Dose, gehackt
Salz
Frisch gemahlener schwarzer Pfeffer
125 ml trockener Weißwein
5 dicke Scheiben Weißbrot mit fester Krume, geröstet
3 EL fein gehackte frische Petersilie

Die Muscheln 1–2 Stunden in kaltes Wasser legen, um sie von Sand zu reinigen. • Gründlich abbürsten und unter fließendem kaltem Wasser abspülen, offene Muscheln wegwerfen. • Das Öl in einem großen Topf mit schwerem Boden erhitzen und den Knoblauch darin 1–2 Minuten braten. Die Tomaten hinzufügen, mit Salz und Pfeffer würzen und 10 Minuten köcheln lassen. • Den Wein dazugießen und alles weitere 10 Minuten köcheln lassen. • Die Muscheln dazugeben. Zugedeckt einige Minuten garen, bis sich alle Muscheln öffnen (Muscheln, die sich zu diesem Zeitpunkt nicht geöffnet haben, wegwerfen). • Jeweils eine geröstete Weißbrotscheibe in eine Suppenschale legen und Muschelsuppe darüberschöpfen. Mit Petersilie bestreuen und sofort servieren.

Empfohlener Wein: ein trockener Weißwein (Albana di Romagna)

Poveracce sind sehr kleine, schmackhafte Venusmuscheln, die es das ganze Jahr hindurch in der Adria gibt.

Primi piatti

Tortelli alle erbette
Tortelli mit Spinat-Ricotta-Füllung

Den Pastateig wie auf S. 46–47 beschrieben zubereiten. Zu einer Kugel formen, in Frischhaltefolie wickeln und etwa 1 Stunde ruhen lassen. • Den Spinat in etwas gesalzenem Wasser weich garen. Abgießen, gut abtropfen lassen, ausdrücken und fein hacken. • Spinat, Ricotta, Ei, 100 g Parmesan, Salz und Muskat in einer Schüssel vermischen. • Den Pastateig sehr dünn ausrollen. In 15 cm breite Streifen schneiden. • Im Abstand von 5–6 cm jeweils 1 TL Füllung die Längsseite entlang auf die eine Hälfte der Pastastreifen setzen. Die andere Hälfte des Teiges darüber klappen und an den Rändern sowie zwischen der Füllung mit den Fingern festdrücken. • Mit einem Teigrädchen die *tortelli* jeweils zwischen der Füllung voneinander trennen. Die Ränder mit einer Gabel festdrücken. • In einem großen Topf gesalzenes Wasser mit etwas Olivenöl aufkochen. Die *tortelli* darin 4–5 Minuten garen. • Abgießen, abtropfen lassen. Mit Butter beträufelt und dem restlichen Parmesan bestreut servieren.

Für 4–6 Personen
Vorbereitungszeit: 30 Minuten +
1 Stunde Ruhezeit für den Pastateig
Garzeit: 25 Minuten
Schwierigkeitsgrad: relativ einfach

1 Portion Pastateig (s. Rezept S. 46–47)

Für die Füllung:
400 g frischer Spinat
300 g Ricotta
1 Ei
200 g Parmesan, frisch gerieben
Salz
1 Prise frisch geriebene Muskatnuss

100 Butter, zerlassen

Empfohlener Wein: ein trockener fruchtiger Weißwein (Pinot Bianco Colli Piacentini)

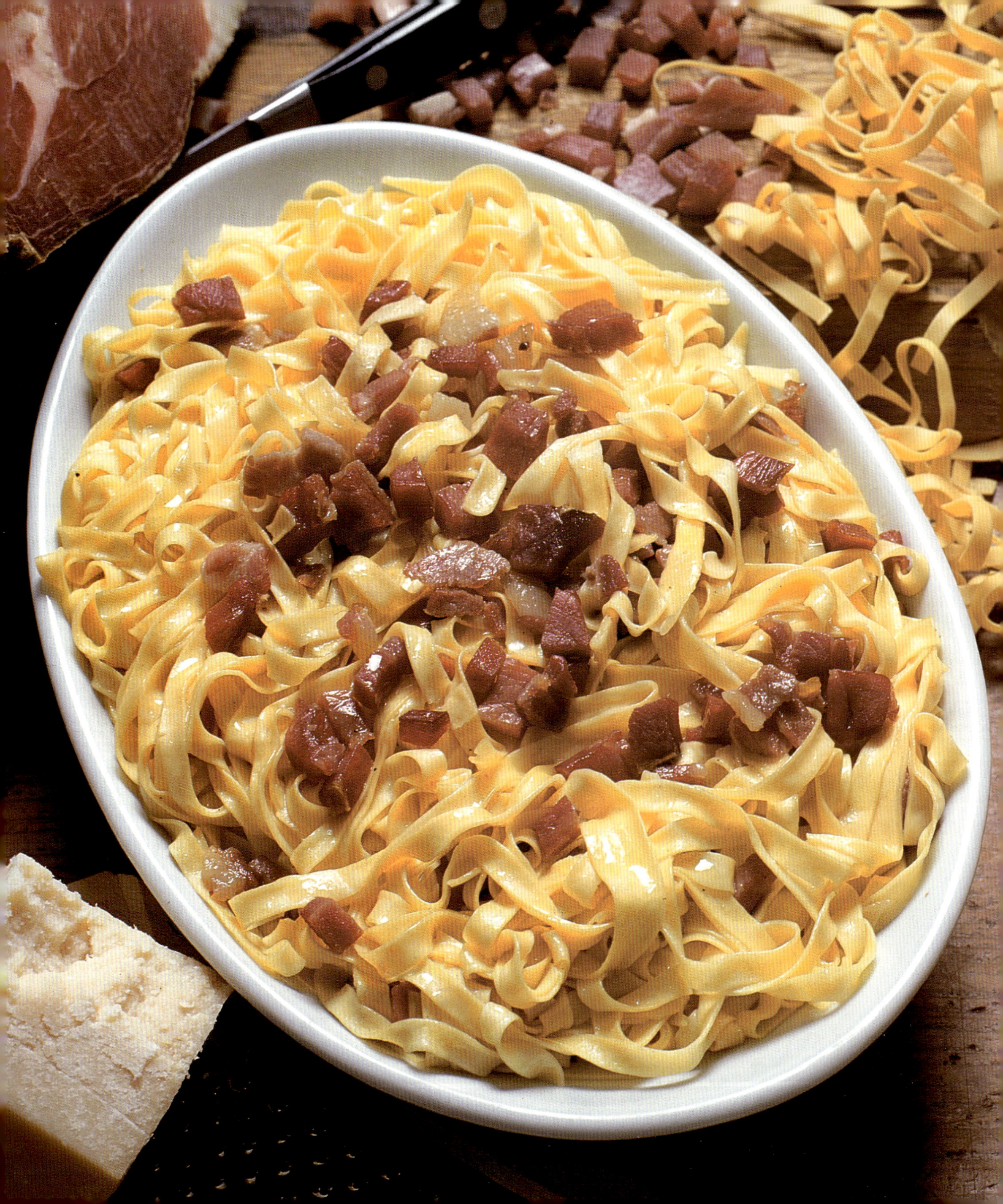

Primi piatti

Tagliatelle al prosciutto
Frische Bandnudeln mit Schinken

Für 4–5 Personen
Vorbereitungszeit: 40 Minuten +
1 Stunde Ruhezeit für den Pastateig
Garzeit: 30 Minuten
Schwierigkeitsgrad: relativ einfach

Den Pastateig wie auf S. 46–47 beschrieben zubereiten. Zu einer Kugel formen, in Frischhaltefolie wickeln und etwa 1 Stunde ruhen lassen. • Den Teig sehr dünn ausrollen. Leicht antrocknen lassen und zu einer eher flachen, 6–7 cm breiten Roulade zusammenrollen. In 6–8 mm breite Streifen schneiden. Die Pastastreifen auseinander rollen, auf einem sauberen Küchentuch ausbreiten und leicht antrocknen lassen. • Das Fett vom Schinken schneiden. Das Fett sowie das magere Fleisch separat in kleine Würfel schneiden. • Die Butter in einem großen Topf mit schwerem Boden zerlassen und das gewürfelte Fett bei schwacher Hitze 15 Minuten braten. Die mageren Schinkenwürfel dazugeben und 5 Minuten mitbraten. Mit Salz und Pfeffer würzen. Vom Herd nehmen. • In einem großen Topf Wasser salzen und zum Kochen bringen (auf 100 g frische Pasta jeweils 1 l Wasser sowie zusätzlich 1 l Wasser rechnen). Die Bandnudeln darin 4–5 Minuten garen. • Abtropfen lassen, 250 ml Garflüssigkeit beiseite stellen. • Die Bandnudeln in den Topf zum Schinken geben und nochmals 1–2 Minuten stark erhitzen. Falls nötig, etwas Garflüssigkeit dazugießen. • Mit Parmesan bestreuen und sofort servieren.

1 Portion Pastateig (s. Rezept S. 46–47)

Für die Sauce:
200 g roher Schinken, in dicke Scheiben geschnitten
80 g Butter
Salz
Frisch gemahlener schwarzer Pfeffer
60 g Parmesan, frisch gerieben

Empfohlener Wein: ein trockener Rotwein (Sangiovese di Romagna)

Von allen frischen Pastasorten lassen sich die *tagliatelle*, oder Bandnudeln, am leichtesten zubereiten. Der Name leitet sich von dem Wort *tagliare* („schneiden") her, da der ausgerollte Pastateig in lange Streifen geschnitten wird. Echte *tagliatelle* sollten 6–8 mm breit und so dünn wie möglich sein. Sie passen auch gut zu Fleischsauce (s. Rezept S. 40) oder zu einfacher Tomatensauce: Dafür 400 ml passierte Tomaten (*passata*) mit 80 g Butter, 125 g gewürfeltem Schinken sowie Salz und Pfeffer 20 Minuten köcheln lassen.

Primi piatti

Für 4–6 Personen
Vorbereitungszeit: 1 ½ Stunden
Garzeit: etwa 1 Stunde
Schwierigkeitsgrad: anspruchsvoll

Für den Teig:
300 g Mehl
1 Prise Salz
50 g extrafeiner Zucker
150 g Butter, in Flöckchen zerteilt
3 Eigelb

Für die Fleischsauce:
60 g Butter
60 g magerer Speck (*pancetta*), fein gehackt
200 g Kalbfleisch, klein gewürfelt
150 g küchenfertige Hühnerleber, gewürfelt
125 ml trockener Rotwein
300 ml passierte Tomaten (*passata*)
1 Prise gemahlener Zimt
1 Prise frisch geriebene Muskatnuss
Salz
Frisch gemahlener schwarzer Pfeffer

1 Portion Béchamelsauce (s. Rezept S. 38)
1 EL Butter
60 g feine Semmelbrösel
400 g Makkaroni
100 g Parmesan, frisch gerieben

Empfohlener Wein: ein trockener Rotwein (Colli bolognesi Merlot)

Das aufwendige Rezept stammt aus der Renaissance. Die Kombination von leicht süßem Teig und würziger Füllung ist typisch für die damalige Hofküche.

Pasticcio alla ferrarese
Makkaroni-Kuchen aus Ferrara

Das Mehl mit dem Salz und dem Zucker in eine große Rührschüssel sieben. Die Butterflöckchen zügig mit den Händen unter das Mehl arbeiten, so dass eine feinkrümelige Mischung entsteht. • Das Eigelb zuerst mit der Gabel, dann mit der Hand untermischen und zu einem gebundenen Teig verkneten. • Den Teig zu einer Kugel formen und in Frischhaltefolie gewickelt für 30 Minuten in den Kühlschrank stellen. • Für die Fleischsauce die Butter in einem Topf mit schwerem Boden zerlassen. Den Speck 3–5 Minuten darin braten. Kalbfleisch und Hühnerleber hinzufügen und unter ständigem Rühren braun anbraten. • Den Wein dazugießen und einkochen lassen. • Die Tomaten unterrühren. Mit Zimt, Muskat, Salz und Pfeffer würzen. • Bei schwacher Hitze 40 Minuten köcheln lassen. • Die Béchamelsauce wie auf S. 38 beschrieben zubereiten. • Eine Springform (26 cm Durchmesser) mit 1 EL Butter einfetten und mit den Semmelbröseln ausstreuen. • Zwei Drittel des Teigs zu einer großen runden Platte ausrollen. Boden und Ränder der Springform damit auskleiden. • Wasser in einem großen Topf zum Kochen bringen und salzen. Die Makkaroni darin bissfest garen. • Die Nudeln abgießen, abtropfen lassen und mit der Hälfte der Fleischsauce vermischen. • Eine Schicht Makkaroni-Mischung auf dem Teigboden verteilen. Darüber eine Schicht Fleischsauce und eine Schicht Béchamelsauce geben. Mit etwas Parmesan bestreuen. • Den Vorgang wiederholen, bis alle Zutaten aufgebraucht sind. • Den zurückbehaltenen Teig zu einer runden Platte ausrollen und den Makkaroni-Kuchen damit bedecken. Die Teigränder fest zusammendrücken. • Im vorgeheizten Backofen bei 180 °C (Umluft 160 °C) 35 Minuten backen. • Aus dem Ofen nehmen und vor dem Servieren 10 Minuten stehen lassen.

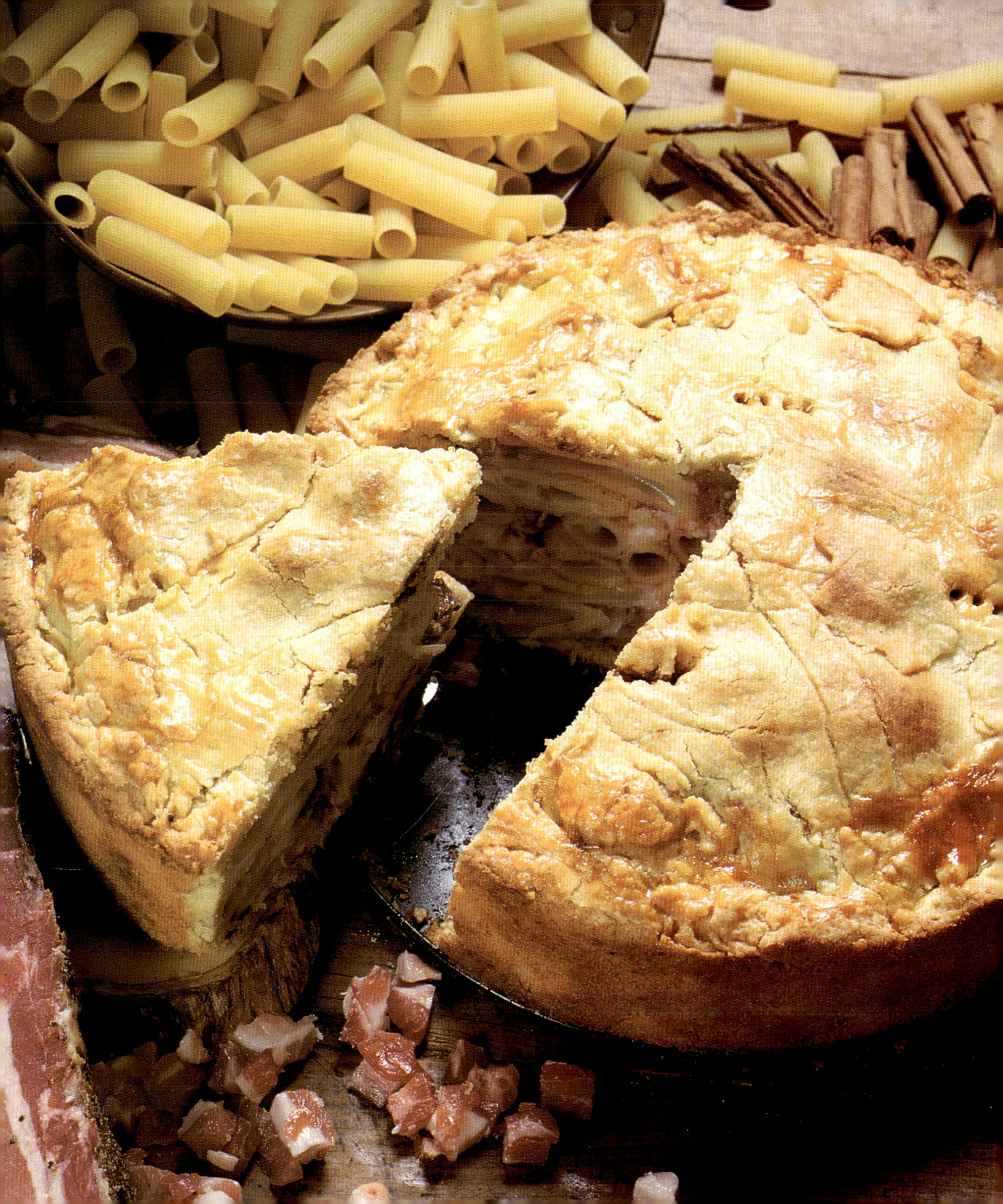

Primi piatti

*Für 4–5 Personen
Vorbereitungszeit: 1 Stunde
Garzeit: 40 Minuten
Schwierigkeitsgrad: relativ einfach*

700 g enthäutete Aalfilets
1 Möhre, geschält und in große Stücke geschnitten
1 Zwiebel, geschält
1 Stange Bleichsellerie, in Stücke geschnitten
40 g Butter
2 EL natives Olivenöl extra
1 Knoblauchzehe, fein gehackt
40 g frische Petersilie, fein gehackt
400 g italienischer Risottoreis (Arborio)
60 ml passierte Tomaten (*passata*)
Salz

Empfohlener Wein: ein junger trockener Rotwein (Fortana)

Risotto all'anguilla
Risotto mit Aal

Aalfilet, Möhre, Zwiebel und Sellerie in einen großen Topf geben und mit Wasser bedecken. Langsam erhitzen und den Fisch etwa 10 Minuten bei schwacher bis mittlerer Hitze pochieren. • Den Aal aus dem Topf nehmen und grob zerkleinern. Die Garflüssigkeit heiß beiseite stellen. • In einem Topf 20 g Butter mit 1 EL Öl zerlassen, Knoblauch und Petersilie darin braten. Den Reis hinzufügen und unter ständigem Rühren einige Minuten mitbraten. • Etwas heiße Garflüssigkeit zugießen und rühren, bis die Flüssigkeit ganz vom Reis aufgenommen ist. Unter ständigem Rühren weiter Garflüssigkeit zugießen, bis der Reis gar, aber der Risotto noch nicht sämig ist. Das dauert etwa 20 Minuten. • Inzwischen die restliche Butter mit 1 EL Öl in einem Topf zerlassen und die Zwiebel aus der Garflüssigkeit (abgetropft und in dünne Scheiben geschnitten) weich braten. • Den zerkleinerten Aal hinzufügen und kurz mitbraten. Tomaten und 250 ml Garsud zugießen, 10 Minuten köcheln lassen. • Den Aal unter den Reis mischen, mit Salz abschmecken und sofort servieren. Dazu geriebenen Parmesan reichen. • Nach Belieben kurz vor dem Servieren etwas abgeriebene unbehandelte Zitronenschale untermischen.

Der Risotto ist typisch für die Region von Comacchio, wo Aale in großer Zahl in den Lagunen gezüchtet werden. Traditionell wurde er in einem Fond aus Taubenbrust gegart, wenn in den Herbstmonaten die Jagdsaison begann. Statt der Garflüssigkeit vom Aal kann auch eine leichte Rinderbrühe verwendet werden, doch ist das Aroma dann weniger ausgeprägt.

Primi piatti

Risotto col pesce San Pietro
Risotto mit Petersfisch

Den Fisch reinigen und ausnehmen (die Leber, falls noch vorhanden, beiseite legen). Zusammen mit Möhre, Sellerie und Zwiebel in einem großen Topf mit Wasser bedecken. Langsam erhitzen und den Fisch etwa 20 Minuten bei schwacher bis mittlerer Hitze pochieren. • In einem großen Topf mit schwerem Boden 40 g Butter mit 50 ml Öl zerlassen. Knoblauch und Petersilie einige Minuten darin bei schwacher Hitze braten. • Den Reis hinzufügen und einige Minuten mitbraten, dabei ständig rühren. Etwas heiße Garflüssigkeit zugießen und rühren, bis die Flüssigkeit ganz vom Reis aufgenommen ist. Unter ständigem Rühren weiter Garflüssigkeit zugießen, bis der Reis gar, aber der Risotto noch nicht sämig ist. Das dauert etwa 20 Minuten. • Die abgetropfte Zwiebel aus der Garflüssigkeit fein hacken. Die restliche Butter mit 50 ml Öl zerlassen und die Zwiebel darin bei schwacher Hitze sautieren. • Die fein gehackte Leber, falls vorhanden, kurz mitbraten. • Tomaten und 175 ml Garflüssigkeit hinzufügen. Bei schwacher Hitze ohne Deckel 10 Minuten köcheln lassen. Mit Salz abschmecken. • Den Risotto mit Tomatensauce begießen und servieren. Den enthäuteten, filetierten Fisch zum Risotto oder als Hauptgang reichen.

Für 4–5 Personen
Vorbereitungszeit: 1 Stunde
Garzeit: 50 Minuten
Schwierigkeitsgrad: relativ einfach

1 Petersfisch (etwa 1 kg)
1 Möhre, geschält und in große Stücke geschnitten
1 Stange Bleichsellerie, in Stücke geschnitten
1 Zwiebel, geschält
80 g Butter
100 ml natives Olivenöl extra
1 Knoblauchzehe, fein gehackt
60 g Petersilie, fein gehackt
400 g italienischer Risottoreis (Arborio)
60 passierte Tomaten (*passata*)
Salz

Empfohlener Wein: ein leichter trockener Weißwein (Trebbiano di Romagna)

In der Küstenregion der Romagana sind Fisch-Risotti sehr beliebt. Für dieses Gericht eignen sich alle fettarmen Fische mit wenigen großen Gräten. Für den benötigten Fond sollten sie jedoch aromatisch genug sein.

Secondi piatti

Gerichte für den Hauptgang

Kalbsschnitzel bologneser art	61
Deftige fischsuppe	62
Schweinebraten aus reggio emilia	64
Koteletts nach parma art	65
Feine kalbsrouladen	67
Huhn nach jägerart	70
Kalbsleber mit balsamessig	71
Gebratener kapaun mit pikanter füllung	73
Kalte kalbfleischterrine	74
Gefüllter schweinefuss mit linsen	79
Gebratene weissbrotscheiben mit käse und schinken	81
Herzhafte roulade mit cotechino	82
Gedünsteter aal aus comacchio	83
Scampi mit kräuterkruste	86
Gebratene rotbarben	87

Die Menschen in der Emilia Romagna gelten zu Recht als Liebhaber der guten Küche. Eine Hochschulstudie der frühen 70er Jahre ergab, dass die Bewohner der Stadt Brisighella im Durchschnitt täglich 5500 Kalorien zu sich nahmen: mehr als das Doppelte des Tagesbedarfs! Inzwischen haben sich die Essgewohnheiten geändert, doch viele traditionelle Speisen werden immer noch zubereitet. Dazu gehören gehaltvolle und schmackhafte Fleisch- und Fischgerichte. In diesem Kapitel werden typische Spezialitäten vorgestellt, aus dem Landesinneren wie von der Adriaküste, wo Fisch und Meeresfrüchte regelmäßig auf den Tisch kommen.

Cotolette alla bolognese
Kalbsschnitzel Bologneser Art

Das Ei mit einer Prise Salz in einer flachen Schale leicht verschlagen. • Die Kalbsschnitzel mit Salz und Pfeffer würzen, in das Ei tauchen und in den Semmelbröseln wenden. Dabei die Semmelbrösel gut andrücken. • Die Butter in einer großen Pfanne zerlassen und die Schnitzel darin von beiden Seiten goldbraun braten. • In einem großen Schmortopf die Schnitzel nebeneinander anordnen. Jedes Schnitzel mit einer Scheibe Schinken belegen und mit dem Parmesan bedecken. • Tomaten und Fleischbrühe vermischen, mit Pfeffer würzen und in den Topf gießen. Zugedeckt etwa 15 Minuten bei schwacher bis mittlerer Hitze garen, bis der Käse geschmolzen ist. • Sofort servieren.

Für 4–6 Personen
Vorbereitungszeit: 20 Minuten
Garzeit: 25 Minuten
Schwierigkeitsgrad: einfach

1 Ei
Salz
6 dünne Kalbsschnitzel
Frisch gemahlener schwarzer Pfeffer
125 g feine Semmelbrösel
125 g Butter
6 dünne Scheiben roher Schinken
100 g Parmesan, in dünne Scheiben gehobelt
200 ml passierte Tomaten (*passata*)
125 ml Fleischbrühe (selbst zubereitet oder aus Brühwürfeln)

Empfohlener Wein: ein trockener Rotwein (Colli Bolognesi Cabernet Sauvignon)

Zwei Zutaten für dieses Gericht repräsentieren wie keine anderen die Küche der Region: *prosciutto* und Parmesan. Zur besonderen Verfeinerung können Sie kurz vor dem Servieren außerdem fein gehobelte weiße Trüffeln über dem geschmolzenen Käse verteilen.

Secondi piatti

Brodetto dell'Adriatico
Deftige Fischsuppe

Für 6 Personen
Vorbereitungszeit: 20 Minuten
Garzeit: 1 Stunde
Schwierigkeitsgrad: relativ einfach

2 kg verschiedene Fische und Meeresfrüchte (Meerästhe, Rotbarbe, Garnelen, Aal, Drachenkopf, Kalmar, Hai oder Dornhai)
125 ml natives Olivenöl extra
1 Zwiebel, fein gehackt
3 Knoblauchzehen, geschält
200 ml passierte Tomaten (*passata*)
60 ml Weißweinessig
1 EL fein gehackte frische Petersilie
Salz
Frisch gemahlener schwarzer Pfeffer
6 dicke Scheiben Weißbrot mit fester Krume, geröstet

Empfohlener Wein: ein trockener Rotwein (Bosco Eliceo Merlot)

Überall an der italienischen Adriaküste werden verschiedene Varianten von *Brodetto* gegessen. Ursprünglich handelte es sich um ein improvisiertes Gericht der Fischer, die die Suppe auf ihren Booten aus den billigsten Fischen und Brotresten zubereiteten. Statt frischer Tomaten kann man Tomatenmark aus Dosen verwenden, falls nötig mit Wasser verdünnt, und guten Weinessig. Die Suppe ergibt eine vollständige Mahlzeit.

Fische und Meeresfrüchte reinigen und vorbereiten. Fische ausnehmen, Schuppen, Flossen und Kiemen entfernen. Kopf, Eingeweide und Kauwerkzeuge des Kalmar wegwerfen. • Die größeren Fische in dicke Stücke schneiden, die Gräten entfernen. • Das Öl in einem Topf erhitzen und die Zwiebel sowie die ganzen Knoblauchzehen darin braten. Den Knoblauch wegwerfen, sobald er sich zu verfärben beginnt. • Tomaten und Essig hinzufügen. Ohne Deckel 30 Minuten bei schwacher bis mittlerer Hitze einkochen lassen. • Fische und Meeresfrüchte hineingeben. Dabei mit den Exemplaren mit festerem Fleisch beginnen, da sie eine längere Garzeit benötigen (zuerst den Tintenfisch, dann den Drachenkopf, große Garnelen, Aal). Alles mit ausreichend Wasser bedecken und Petersilie, Salz und Pfeffer hinzufügen. Zugedeckt weitere 30 Minuten bei schwacher Hitze köcheln lassen. • Jeweils eine geröstete Weißbrotscheibe in eine vorgewärmte Suppenschale legen und die Suppe darüberschöpfen. • Heiß servieren.

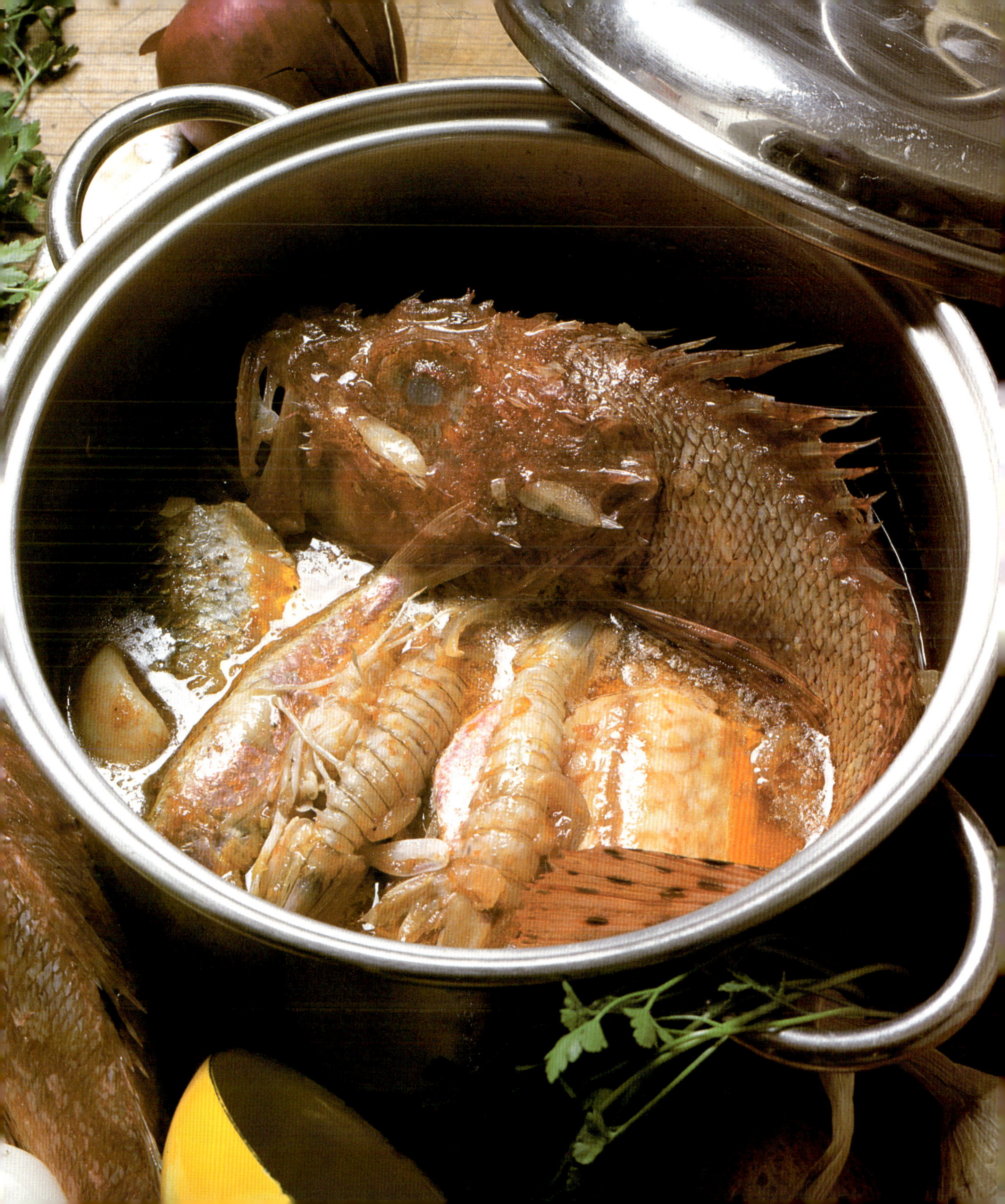

Secondi piatti

Arista alla reggiana
Schweinebraten aus Reggio Emilia

*Für 4 Personen
Vorbereitungszeit: 15 Minuten +
24 Stunden zum Marinieren
Garzeit: 1 Stunde
Schwierigkeitsgrad: einfach*

1,5 kg Schweinefleisch (Kotelettstück)
Salz
Frisch gemahlener schwarzer Pfeffer
250 ml natives Olivenöl extra
2 EL Weißweinessig
2 Knoblauchzehen, leicht zerdrückt
1 frischer Rosmarinzweig
6–7 Wacholderbeeren
1 l Vollmilch (oder ausreichend Milch, um das Fleisch damit zu bedecken)

Empfohlener Wein: ein leicht perlender halbtrockener oder trockener Rotwein (Colli Piacentini Bonarda)

Das Fleisch mit Küchengarn fixieren, so dass es beim Garen seine Form behält. Mit Salz und Pfeffer würzen. • In einen großen emaillierten Topf oder eine Kasserolle Öl und Essig gießen und Knoblauch, Rosmarin und Wacholderbeeren hinzufügen. Das Fleisch hineinlegen und 24 Stunden marinieren. Ab und zu wenden. • So viel Milch dazugießen, dass das Fleisch bedeckt ist. Bei schwacher Hitze 1 Stunde garen. Am Ende der Garzeit sollte die Milch vollständig aufgesogen worden sein. • Die Temperatur erhöhen und das Fleisch rundum bräunen. • Den fertigen Braten zwischen den Rippen in Scheiben schneiden und servieren. • Das Gericht schmeckt auch kalt sehr gut.

Das Kotelettstück vom Schwein ist in vielen Regionen Italiens als *Arista* bekannt.

Secondi piatti

Costolette alla parmigiana
Koteletts nach Parma Art

Die Koteletts vorsichtig gleichmäßig flachklopfen. Mit Salz und Pfeffer würzen. • Das Ei mit 1 Prise Salz und etwas Pfeffer in einer flachen Schale leicht verschlagen. Die Schnitzel in das Ei tauchen. • Die Butter in einer großen Pfanne erhitzen und die Schnitzel darin von beiden Seiten goldbraun braten. • In einem großen Topf oder einer Kasserolle die Koteletts nebeneinander anordnen und mit einer Schicht Parmesan belegen. Die Brühe erhitzen und dazugießen. Koteletts zugedeckt bei schwacher Hitze garen, bis der Käse geschmolzen ist. • Sehr heiß servieren.

Für 4 Personen
Vorbereitungszeit: 15 Minuten
Garzeit: 25 Minuten
Schwierigkeitsgrad: einfach

4 Schweinekoteletts
Salz
Frisch gemahlener schwarzer Pfeffer
1 Ei
100 g Butter
100 g Parmesan, in dünne Scheiben gehobelt
125 ml Fleischbrühe (selbst zubereitet oder aus Brühwürfeln)

Empfohlener Wein: ein trockener Rotwein (Colli di Parma Rosso)

Diese sehr schmackhaften Koteletts lassen sich ganz leicht zubereiten.

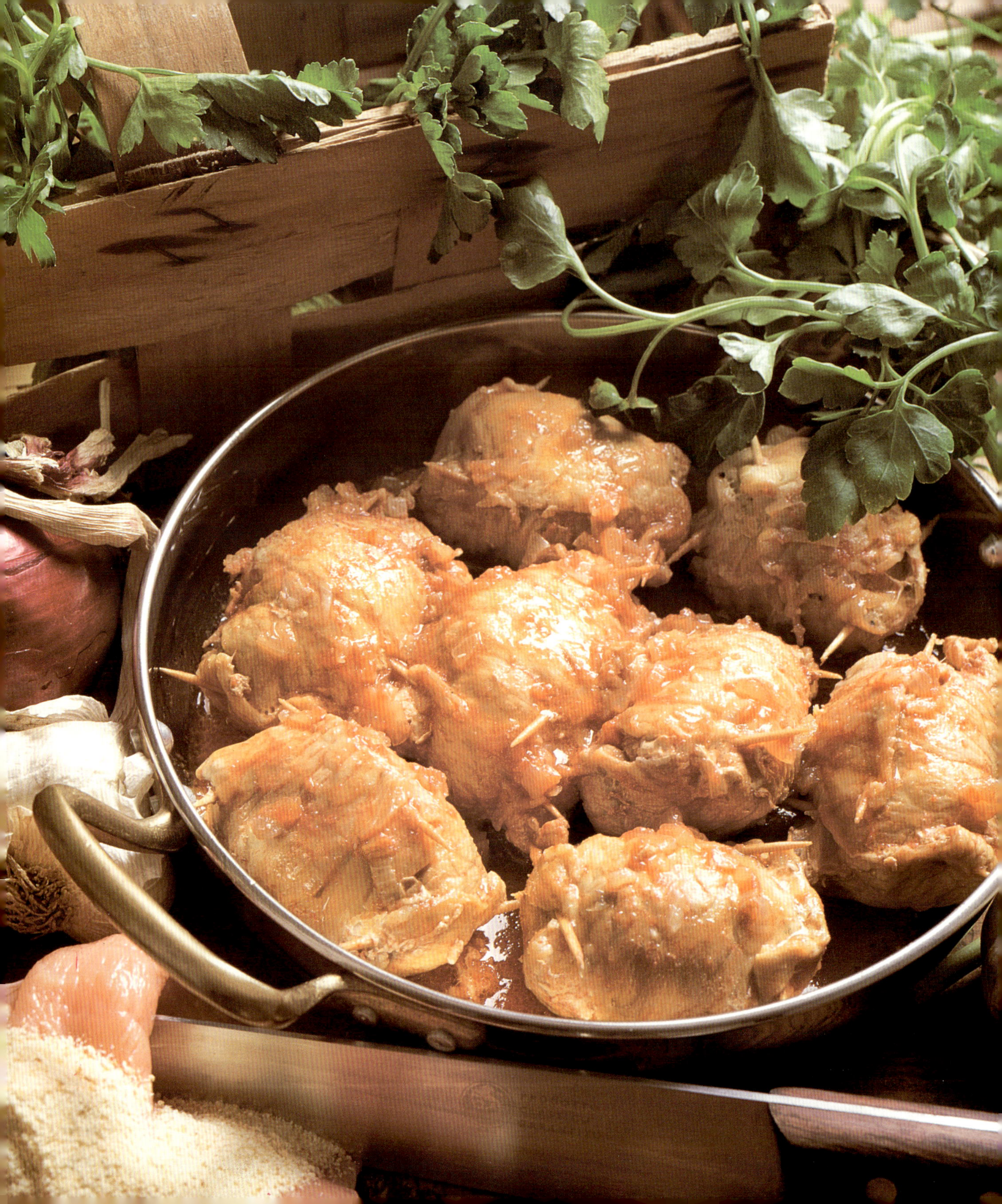

Secondi piatti

Valigini
Feine Kalbsrouladen

In einer Pfanne 50 g Butter zerlassen. Mit Petersilie, Knoblauch, Semmelbröseln, Parmesan, Eiern, Salz und Pfeffer in einer Schüssel gründlich vermischen. • Die Kalbsschnitzel mit Salz und Pfeffer würzen, mit der Mischung bestreichen und jeweils vorsichtig zu einer kleinen Roulade zusammenrollen. Mit Küchengarn oder Holzspießchen fixieren. • Die restliche Butter in einem großen Topf mit schwerem Boden zerlassen und die Zwiebel darin sautieren. Die Tomatenmischung dazugießen und mit Salz und Pfeffer würzen. • Die Kalbsrouladen nebeneinander in den Topf legen. Zugedeckt bei schwacher Hitze 15 Minuten garen, dabei ab und zu wenden. • Heiß servieren.

Für 6 Personen
Vorbereitungszeit: 20 Minuten
Garzeit: 15 Minuten
Schwierigkeitsgrad: einfach

100 g Butter
1 EL fein gehackte frische Petersilie
1 Knoblauchzehe, fein gehackt
125 g feine Semmelbrösel
150 g Parmesan, frisch gerieben
2 Eier
Salz
Frisch gemahlener schwarzer Pfeffer
750 g dünne Kalbsschnitzel
Küchengarn oder kleine Holzspießchen
1 kleine Zwiebel, fein gehackt
2 EL passierte Tomaten (*passata*), mit 125 ml Wasser verrührt

Empfohlener Wein: ein trockener Weißwein (Colli di Parma Sauvignon)

Feine Kalbsschnitzel aus der Nuss oder Oberschale, etwa gleich groß geschnitten, eignen sich am besten für diese Spezialität aus der Emilia Romagna. Eine sehr große Scheibe Kalbfleisch kann zu einer einzigen Roulade verarbeitet werden, die eine Garzeit von etwa 30 Minuten benötigt.

Die Weine der Emilia Romagna

Auch hinsichtlich der Weine zeigen die Emilia und die Romagna unterschiedliche Geschmäcker und Traditionen. Die Emilia ist das Land leicht perlender Rotweine – Gutturnio, Bonarda und vor allem Lambrusco –, die Romagna ist vor allem die Heimat von Weißweinen – Trebbiano und Albana –, aber auch des roten Sangiovese. In beiden Regionen wird schon seit frühester Zeit Wein produziert. Bereits die prähistorischen Volksstämme der Umbrer und Ligurer stellten Wein her, und die Etrusker (800–300 v. Chr.) sollen den Lambrusco erfunden haben. Auch die Römer produzierten diesen Wein, und Plinius der Ältere rühmte sogar dessen heilende Wirkungen. Lambrusco wird wegen seines abgerundeten, angenehmen Geschmacks geschätzt; sein Name leitet sich von einem Dialektwort aus Modena ab, *brusca*, das „scharf" (oder auch „spontan" und „frisch") bedeutet. Ein großer Freund des Lambrusco war der Dichter Giosuè Carducci, der ihn zu den unterschiedlichsten Speisen trank – wie auch viele Urlauber aus dem Ausland. Sein leichter, lebendiger Charakter hat ihn zu einem der beliebtesten italienischen Weine gemacht. Lambrusco wurde als „der weltweit spritzigste, unkomplizierteste und italienischste aller Weine" beschrieben.

„Lambrusco" wird aus der Rebsorte Lambrusca gekeltert. Er sollte als junger Wein getrunken werden, was vermutlich eine noch größere Verbreitung erschwert. Es gibt mehrere kontrollierte Produktionsgebiete, zu denen Grasparossa di Castelvetro, Parma, Reggiano, Salamino di Santa Croce und Sorbara gehören. Die kräftigen, violett schimmernden tiefroten Weine werden in der Region trocken oder halbtrocken ausgebaut bevorzugt. Gerade die süßere Variante aber wurde zum Exportschlager. Lambrusco perlt anfänglich stark und hat ein ausgeprägtes Bukett. Er ist eine gute Ergänzung zu typischen Speisen der Emilia, vor allem „antipasti" mit luftgetrockneten Wurstwaren, „Tortellini al ragù" (Tortellini mit Fleischsauce), „zampone" (Gefüllter Schweinefuß) und generell zu Gerichten mit Schweinefleisch.

Wein

Für viele Menschen in der Romagna weckt der wunderbare Geschmack von Sangiovese Erinnerungen an gemeinsam verbrachte Stunden und traditionsreiche Familienfeste.

Die Herkunft des besten Weißweins der Romagna, Albana, ist unbekannt, doch behaupten manche, die Römer hätten die Rebsorte von den Albaner Bergen bei Rom mitgebracht. Ein weiterer Weißwein, Trebbiano, wird in der Romagna sehr oft getrunken. Sein leichter, frischer Geschmack passt gut zu Fisch. In den Bergen um Piacenza im Norden der Emilia Romagna baut man einige sehr gute Rot- und Weißweine an. Im Gebiet der Colli Piacentini, das einst zum Piemont gehörte, werden die Rotweine Gutturnio, Barbera und Pinot Nero sowie die Weißweine Trebbiano, Ortrugo, Pinot Grigio und Sauvignon produziert.

In vielen Regionen Italiens wird Sangiovese angebaut. Der Name ist von „Sanguis Jovis" (Blut Jupiters) abgeleitet; der römische Gott soll die Menschen gelehrt haben, ihr Land und ihre Nachbarn zu lieben. Mit zwei Jahren Reife erhält der Sangiovese das Prädikat „Riserva"; das Prädikat „Superiore" steht für die klassischen Anbaugebiete. Der Wein kann bis zu neun Jahre reifen und passt dann zu deftigen Fleischsaucen, Kroketten, gebratenem Fleisch und Wild. Ein guter Sangiovese mit vollem Geschmack und tiefroter, in seiner Jugend oft violett schimmernder Farbe ist ein vollkommener Genuss: elegant, körperreich, ausgewogen und harmonisch. Ebenfalls erwähnt werden sollte „Sangiovese novello": ein junger, duftiger, trockener Wein – frisch und im richtigen Maße spritzig. Ich erinnere mich noch gut an einen freundlichen alten Mann, der gern ein Gläschen Wein trank und ein erklärter Schüler des Schutzheiligen aller Weinliebhaber war: San Giovese!

Secondi piatti

Pollo alla cacciatora
Huhn nach Jägerart

Für 6 Personen
Vorbereitungszeit: 20 Minuten
Garzeit: 1 Stunde
Schwierigkeitsgrad: einfach

1 küchenfertiges Huhn (etwa 1,5 kg)
125 ml natives Olivenöl extra
1 mittelgroße Zwiebel, in dünne Scheiben geschnitten
100 g frisches Schweinefett, fetter oder magerer Speck (*pancetta*), zerkleinert
250 ml trockener Weißwein
250 g reife Tomaten, blanchiert und enthäutet, vom Stielansatz befreit und gewürfelt
Salz
Frisch gemahlener schwarzer Pfeffer

Empfohlener Wein: ein trockener Weißwein (Colli Piacentini Malvasia Secco)

Das Huhn innen und außen unter kaltem fließendem Wasser abspülen. In 8–12 kleine Stücke teilen, aber nicht entbeinen. Mit Küchenpapier trockentupfen. • Das Olivenöl in einer großen Pfanne erhitzen und die Zwiebel darin braten, bis sie sich zu verfärben beginnt. Die Zwiebel herausnehmen und beiseite stellen. • Zuerst das Schweinefett oder den Speck, dann das Fleisch in das Öl geben. Bei mittlerer Hitze etwa 10 Minuten braten, dabei das Fleisch ab und zu wenden. • Den Wein dazugießen und einkochen lassen. • Tomaten und beiseite gestellte Zwiebeln hinzufügen. Mit Salz und Pfeffer würzen. • Etwa 30 Minuten garen. Gelegentlich umrühren und die Fleischstücke wenden. • Sehr heiß servieren.

Dieses schmackhafte Gericht macht Lust auf gesellige Treffen und Erntefeste. In und um Parma brät man mit der Zwiebel außerdem gehackten Knoblauch, Salbei und Möhren.

Secondi piatti

Fegato all'aceto balsamico
Kalbsleber mit Balsamessig

Die Leberscheiben mit Salz und Pfeffer würzen. Im Mehl wenden, in die verschlagenen Eier tauchen und dann in den Semmelbröseln wenden. • Die Butter in einer großen Pfanne zerlassen. Die Leber hineingeben und von beiden Seiten goldbraun braten. • Auf Küchenpapier kurz abtropfen lassen. • Mit Balsamessig beträufeln und sofort servieren.

Für 4 Personen
Vorbereitungszeit: 10 Minuten
Garzeit: 15 Minuten
Schwierigkeitsgrad: einfach

400 g Kalbsleber, in sehr dünne Scheiben geschnitten
Salz
Frisch gemahlener schwarzer Pfeffer
60 g Mehl
2 Eier, leicht verschlagen
100 g feine Semmelbrösel
60 g Butter
2 EL Balsamessig

Empfohlener Wein: ein trockener Rotwein (Colli Piacentini Barbera)

Das Gericht entwickelte sich aus einem sehr alten Rezept und wird fast überall in der Emilia zubereitet. Statt der Kalbsleber kann auch Schweineleber verwendet werden. Für das (ältere) Originalrezept benutzte man zum Braten Schweineschmalz statt Butter.

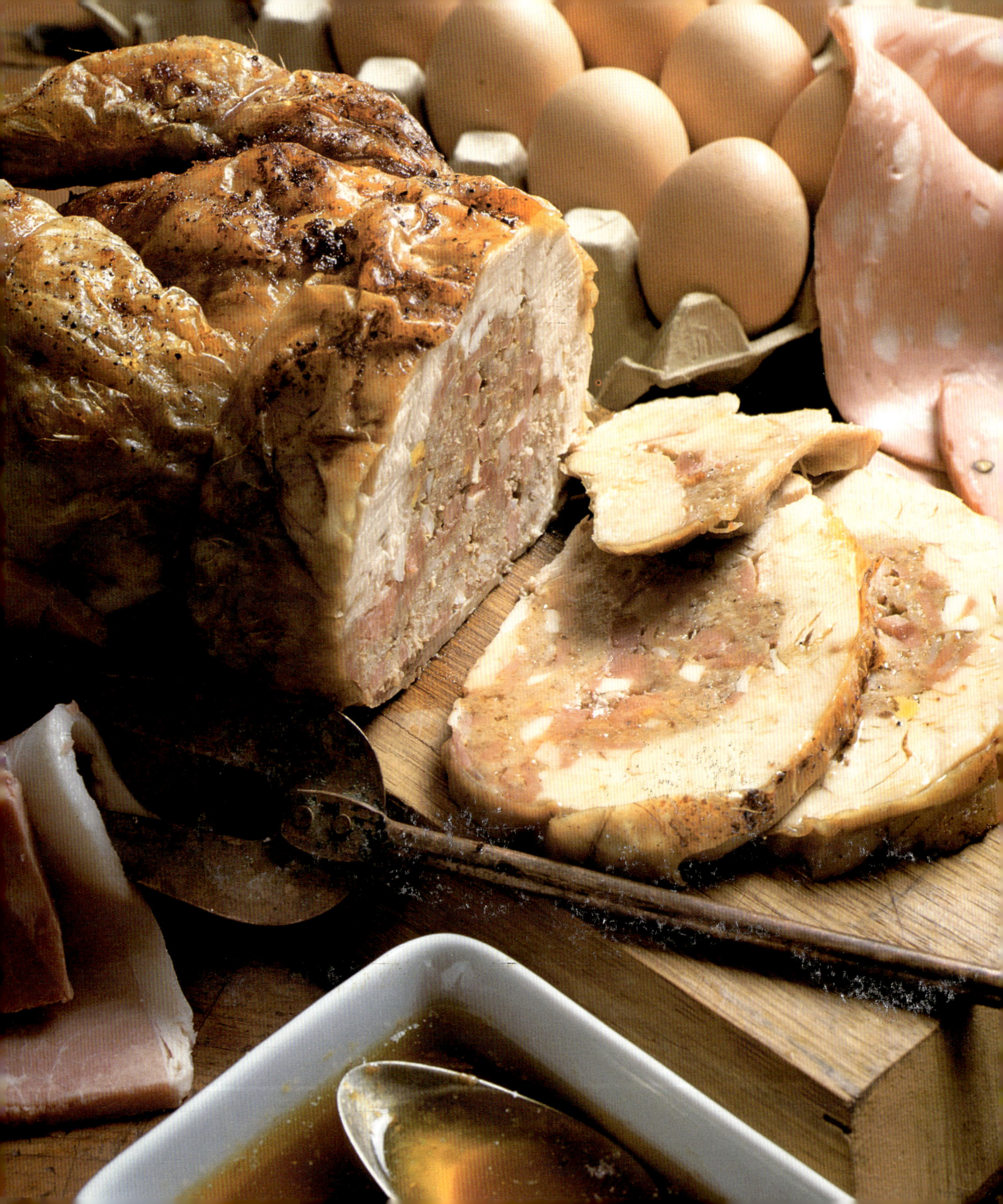

Secondi piatti

Cappone ripieno
Gebratener Kapaun mit pikanter Füllung

Mit einem sehr scharfen, spitzen Messer den Kapaun teilweise entbeinen. Dafür die Haut entlang des Rückgrats durchtrennen und das Fleisch gleichmäßig von den Knochen schneiden. Vorsichtig arbeiten, um die Haut nicht zu verletzen. Ein Großteil des Brustfleisches behutsam herausschneiden und beiseite stellen. Nur eine dünne Schicht Brustfleisch an der Haut belassen. Schenkel- und Flügelknochen werden nicht entfernt. • In einer großen Schüssel Kalb- und Schweinefleisch, Mortadella, fein gehackte Eier, Parmesan, Marsala, Muskat, Salz und Pfeffer vermischen. • Das ausgelöste Brustfleisch in kleine, dünne Streifen schneiden. Den Kapaun mit einem Drittel der vorbereiteten Mischung füllen. Die Füllung dabei sehr gleichmäßig verstreichen. Jeweils ein Drittel Brustfleisch, rohen und gekochten Schinken darübergeben. Diesen Vorgang noch zweimal wiederholen. • Den Kapaun an der aufgeschnittenen Seite mit Küchengarn sorgsam zusammennähen, so dass er wieder seine ursprüngliche Form erhält. Flügel und Schenkel eng an den Körper anlegen und mit Küchengarn fixieren. • Den Kapaun mit der Brust nach oben in einen großen Bräter legen. Mit Salz und Pfeffer würzen, mit dem Olivenöl beträufeln und mit den Butterflöckchen belegen. • Im vorgeheizten Backofen bei 200 °C (Umluft 180 °C) etwa 2 Stunden braten. Ab und zu mit dem ausgetretenen Bratensaft begießen. • Aus dem Ofen nehmen und 1 Stunde ruhen lassen. Das Küchengarn entfernen und Schenkel und Flügel mit dem Messer abtrennen. Das Brustfleisch mit der Füllung in Scheiben schneiden und auf einer Servierplatte anrichten. Mit Bratensaft beträufeln. • Dieser teilweise entbeinte, gefüllte Kapaun schmeckt auch hervorragend, wenn man ihn in einem großen Topf in köchelndem Wasser gart. Dafür den Kapaun fest in ein Musselintuch einwickeln.

Für 6–8 Personen
Vorbereitungszeit: 40 Minuten +
1 Stunde Ruhezeit für das Fleisch
Garzeit: 2 Stunden
Schwierigkeitsgrad: anspruchsvoll

1 küchenfertiger Kapaun (etwa 2 kg)
Jeweils 250 g mageres Kalb- und Schweinefleisch, durch den Wolf gedreht
150 g Mortadella, gewürfelt
4 hartgekochte Eier, fein gehackt
150 g Parmesan, frisch gerieben
75 ml trockener Marsala
1 Prise frisch geriebene Muskatnuss
Salz
Frisch gemahlener schwarzer Pfeffer
150 g magerer gekochter Schinken, in schmale Streifen geschnitten
150 g roher Schinken, in schmale Streifen geschnitten
Küchengarn
125 ml natives Olivenöl extra
60 g Butter, in Flöckchen zerteilt

Empfohlener Wein: ein halbtrockener oder trockener Rotwein (Colli Piacentini Bonarda)

Kapaune sind Hähne, die mit zwei Monaten kastriert werden. Dank ihrer sorgsamen Mästung besitzen sie viel weißes Fleisch mit feinem Aroma. Man isst sie vor allem zur Weihnachtszeit.

Secondi piatti

Rifreddo
Kalte Kalbfleischterrine

Für 6 Personen
Vorbereitungszeit: 20 Minuten +
2–3 Stunden Kühlzeit
Garzeit: 2 Stunden
Schwierigkeitsgrad: relativ einfach

4 Kalbsschnitzel (jeweils etwa 150 g)
2 Scheiben magerer gekochter Schinken (jeweils etwa 150 g)
2 Scheiben Mortadella (jeweils etwa 150 g)
Butter für die Form
Frisch gemahlener schwarzer Pfeffer
100 g Parmesan, frisch gerieben
2 Eier, verquirlt

Empfohlener Wein: ein trockener Rotwein (Colli Piacentini Pinot Nero)

Die Kalbsschnitzel vorsichtig flachklopfen. • Die Schnitzel so zurechtschneiden, dass sie in eine tiefe Terrinen- oder Kastenform passen. Die Schinken- und Mortadellascheiben sollten ebenso groß sein. • Die Form mit der Butter einfetten. • Die Zutaten nacheinander in die Form schichten. Dabei mit einem Kalbsschnitzel beginnen, darüber jeweils eine Scheibe Schinken und eine Scheibe Mortadella legen. Jede Schicht kräftig mit Pfeffer würzen und mit Parmesan bestreuen. • Ein weiteres Kalbsschnitzel darüberlegen und die verquirlten Eier darübergießen. Darauf nochmals ein Schnitzel sowie die zwei restlichen Scheiben Schinken und Mortadella legen und jeweils mit Pfeffer und Parmesan bestreuen. Mit dem letzten Schnitzel bedecken und alles in der Form gut festdrücken. • Die Terrinenform schließen bzw. die Kastenform mit Folie abdecken. Die Form in einen großen Bräter stellen und diesen zu einem Drittel mit Wasser füllen. Bei schwacher bis mittlerer Hitze 2 Stunden in siedendem Wasser garen. Falls nötig, Wasser nachgießen. • Den ausgetretenen Sud aus der Form in eine flache Schale mit geradem Rand füllen. Die Oberseite der Terrine mit einem passenden Brettchen bedecken und mit einem 500-g-Gewicht beschweren. • Die Terrine und den Sud separat für 2–3 Stunden in den Kühlschrank stellen. Dann die Terrine auf eine Servierplatte stürzen und in dünne Scheiben schneiden. Den zu Aspik gelierten Sud in kleine Stücke schneiden. Die Terrine damit garnieren und servieren.

Dieses Gericht ist eine Spezialität aus Reggio Emilia. Für eine ähnliche Terrine wird in Parma die Mortadella durch rohen Schinken ersetzt.

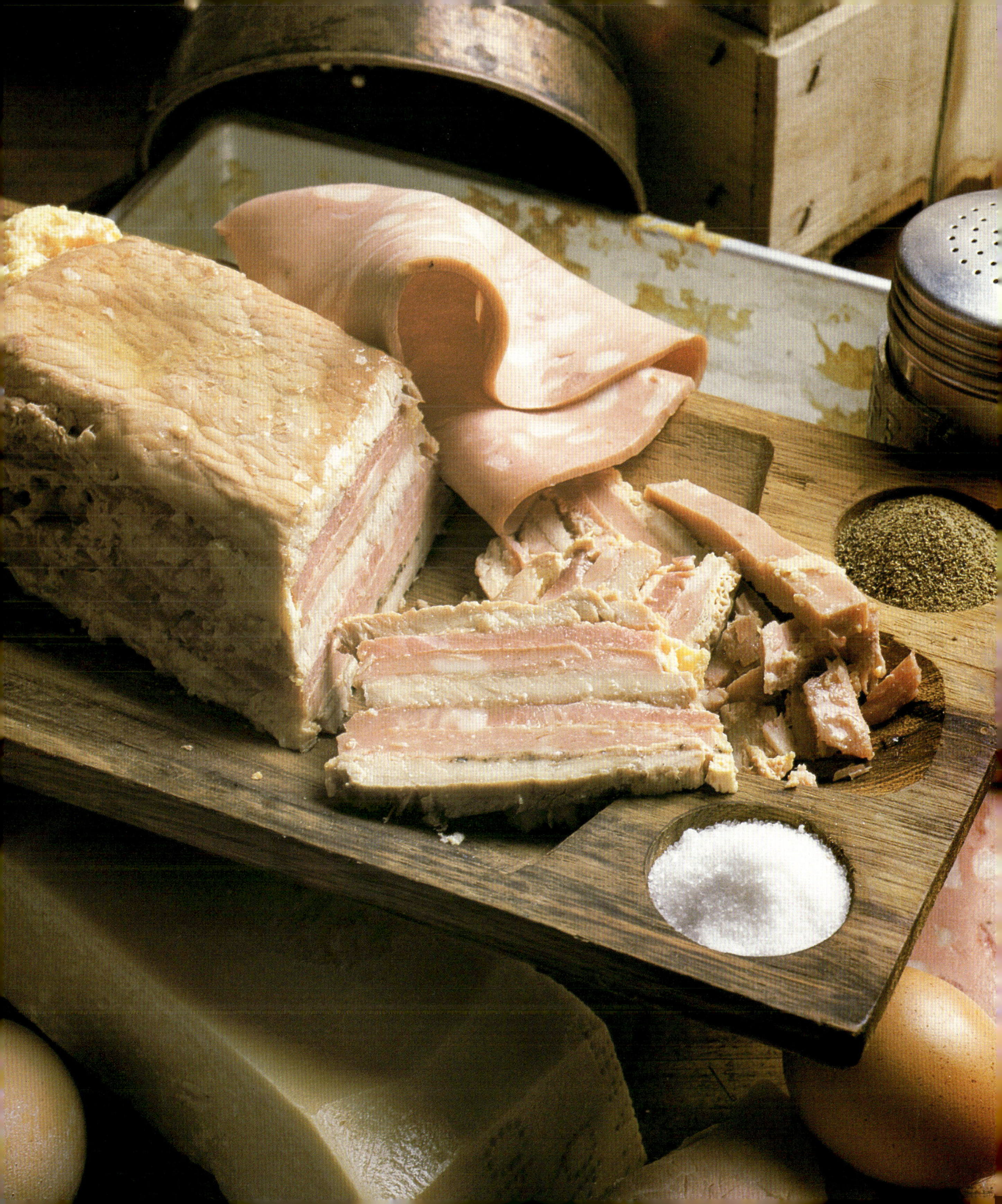

Cristoforo Messisbugo am Hof der Herzöge von Este in Ferrara

Cristoforo Messisbugo war flämischer Herkunft und lebte am Hof der Herzöge von Este in Ferrara, wo er die Position eines Ritters der „Gaumenfreuden" bekleidete – in Anerkennung seiner Fähigkeiten als *scalco* – als Tafelmeister, der das Fleisch fachgerecht tranchierte, sowie als kultivierter und sachkundiger Feinschmecker. In der Renaissance waren die Talente eines *scalco* an den elegantesten Höfen Europas sehr gefragt, und vor allem die italienische Schule stand in sehr gutem Ruf. Die Stellung des *scalco* war mit großem Prestige verbunden. Nach mittelalterlicher Tradition musste er ein Adliger sein, der die Gäste unterhalten konnte und seinem Herrn Treue und Loyalität entgegenbrachte: unerlässliche Eigenschaften zu einer Zeit, als man sich der Feinde mittels Gift entledigte.

Messisbugos Bankette waren an den königlichen Höfen Europas sehr beliebt. Zwischen den einzelnen Gängen wurden die Gäste mit Tanz, Musik, Schauspiel, Gesang, Spielen und Konversation unterhalten. Das Renaissance-Bankett war ein kulturelles Ereignis und Ausdruck einer Gesellschaft, die sich kunstvoll zur Schau stellte und ein Leben nach zeremoniellen Regeln und Sitten führte.

Eine Auswahl von 25 Vorspeisen wurde auf den Tafeln verteilt: in Scheiben geschnittenes Rindfleisch, Schinken, mit Zucker und Zimt gebratene Zunge, ein Salat mit Kapern, Trüffeln und kernlosen Sultaninen, marinierter Fisch mit Lorbeerblättern und vieles mehr. Die Gäste betraten zu Trompetenfanfaren den Saal, und das Bankett begann. Es bestand aus acht Gängen, jeder Gang beinhaltete zehn bis zwölf Gerichte – meist aus Fleisch, Fisch und Wild. Nach dem fünften Gang wurden die Tafeln abgeräumt und neu gedeckt. Unter allgemeinem Applaus brachte man weitere allegorische Figuren aus Zucker herein, und nach dem letzten Gang servierte man Konfekt, kandierte Zitronen, Käse mit Quitten und Zuckermandeln. Der nachfolgende Tanz dauerte bis in die frühen Morgenstunden. Um 3.00 Uhr früh reichte man Zucker, Salat, Wassermelonen und andere Früchte.

Das berühmteste Bankett von Messisbugo – ein Menü mit Fleisch und Fisch – wurde 1529 am Hof des Herzogs Ercole d'Este abgehalten. Zu der aufwendigen Dekoration gehörten auch 25 bemalte Statuen aus Zucker, die auf einer der Tafeln aufgestellt waren. Sie zeigten die Arbeiten des Herkules, der den Löwen erschlug – eine Anspielung auf den Namensvetter Herzog Ercole.

Messisbugo, Tafelmeister der Renaissance

LIBRO NOVO
NEL QVAL S'INSEGNA A' FAR
d'ogni sorte di viuanda secondo la diuersità de
i tempi, cosi di Carne come di Pesce.
Et il modo d'ordinar banchetti, apparecchiar Tauole,
fornir palazzi, & ornar camere
per ogni gran Prencipe.
OPERA ASSAI BELLA, E MOLTO
Bisognevole à Maestri di Casa, à Scalchi, à
Credenzieri, & à Cuochi.
Composta per M. Christofaro di Messisbugo, & hora
di nouo corretta, & ristampata.
Aggiontoui di nuouo, il modo di saper tagliare
ogni sorte di Carne, & Vccellami.
Con la sua Tauola ordinata, oue ageuolo
mente si trouerà ogni cosa.

IN VENETIA MDLVII.

Nach Messisbugos Tod im Jahr 1549 wurde ein Buch veröffentlicht, das nicht nur über 300 Rezepte und Informationen zu Lebensmitteln enthielt, sondern auch eine Abhandlung über die zeitgenössischen Sitten und Gebräuche in Ferrara war. Der vollständige Titel des Werkes lautete: "Das neue Buch, das dem Leser als Anleitung zur Zubereitung jeglicher Speisen getreu der jeweiligen Jahreszeit, ob Fisch oder Fleisch, dient, wie auch zur korrekten Ausrichtung von Banketten, zum Decken der Tische, Anlegen von Vorräten und Herrichten der Räume an jeglichem fürstlichen Hofe. Ein hervorragendes Werk, das für Kammerherren, Tafelmeister, Haushofmeister und Köche von großem Nutzen ist."

Das Buch besteht aus drei Teilen; einer Einleitung, die die Planung von Banketten beschreibt, einer detailfreudigen Liste mit zehn Menüs für die Hauptmahlzeit, drei für die Zwischenmahlzeit und einem Bankett sowie einer Sammlung von 315 Rezepten. In der Einleitung erklärt der Autor, dass er keine einfachen und traditionellen regionalen Gerichte beschreiben will, sich vielmehr auf auserlesene Speisen beschränkt, die damals zur feinen Küche gehörten. Messisbugo erfand nicht nur völlig neue Rezepte, er verfeinerte auch viele beliebte Gerichte seiner Zeit und wandelte einige ausländische Rezepte nach dem regionalen Geschmack ab – damals ein höchst innovativer Schritt.

RINDERBRÜHE

500 g mageres Rindfleisch (Brust, Nuss oder Oberschale)
½ Hähnchen oder Kapaun
3 l kaltes Wasser
1 Stange Bleichsellerie, in Stücke geschnitten
1 Möhre, in große Stücke geschnitten
1 Zwiebel, geschält
2 Petersilienzweige
1 kleine, reife Tomate
Grobes Meersalz

Das Fleisch und das Hähnchen in einem sehr großen Topf mit kaltem Wasser bedecken. Zum Kochen bringen. • Sich bildenden Schaum abschöpfen (Er entsteht durch das Eiweiß auf der Oberfläche des Fleischs, das beim Erhitzen ausflockt). • Das Gemüse und eine kräftige Prise Salz hinzufügen. Etwa 2 Stunden köcheln lassen. • Die Brühe vor der Verwendung abseihen.

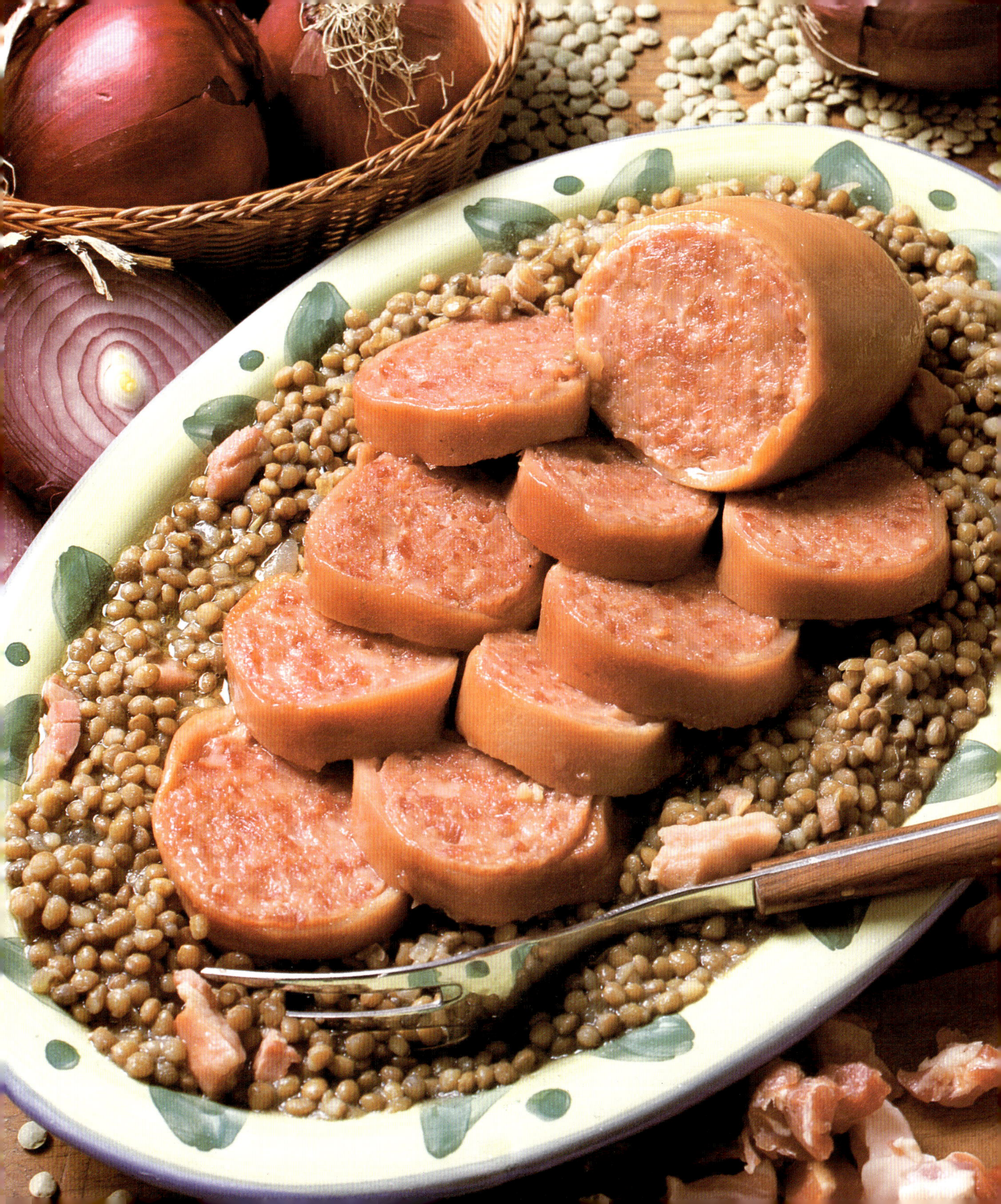

Secondi piatti

Zampone con lenticchie
Gefüllter Schweinefuß mit Linsen

Den *zampone* in eine große Schüssel mit Wasser legen und 12 Stunden lang einweichen lassen. • Kurz vor dem Garen aus dem Wasser nehmen und die Schwarte der Länge nach mit einer Stopfnadel in zwei oder drei Reihen einstechen. Mit der Spitze eines sehr scharfen Messers auf der Unterseite ein kleines Kreuz einritzen. Das Küchengarn, mit dem der *zampone* zugebunden ist, leicht lockern. Diese Vorbereitungen verhindern, dass er beim Garen platzt. • Den *zampone* in ein Musselintuch wickeln, in einen großen Topf legen und mit kaltem Wasser bedecken. Bei schwacher Hitze in köchelndem Wasser 3–4 Stunden garen. • In der Zwischenzeit die Linsen zubereiten. Dafür das Öl in einem Topf erhitzen. Den Speck darin einige Minuten braten, dann die Zwiebeln hinzufügen. • Sobald die Zwiebeln weich sind, die Linsen dazugeben und unter Rühren einige Minuten mitbraten. • Die Linsen vollständig mit Wasser bedecken. Den Brühwürfel zerkrümeln und mit dem Lorbeerblatt hinzufügen. • Die Linsen bei schwacher Hitze 1½ Stunden garen. • Den *zampone* aus dem Wasser nehmen, aus dem Tuch wickeln und in ½ cm breite Scheiben schneiden. Zusammen mit den Linsen sehr heiß servieren.

Für 4–6 Personen
Vorbereitungszeit: 20 Minuten +
12 Stunden Einweichzeit
Garzeit: 3–4 Stunden für den „zampone", 1½ Stunden für die Linsen
Schwierigkeitsgrad: einfach

1 *zampone* (gefüllter Schweinefuß), etwa 1 kg
2 EL natives Olivenöl extra
100 g magerer Speck (*pancetta*), fein zerkleinert
1 mittelgroße Zwiebel, fein gehackt
300 g Linsen (kleine braune oder Puy-Linsen)
1 Gemüsebrühwürfel
1 Lorbeerblatt

Empfohlener Wein: ein trockener Rotwein (Colli Piacentini Gutturnio)

Diese herzhafte Spezialität aus Modena besteht aus einem entbeinten Vorderfuß des Schweins, der mit einer Mischung aus Schweinefleisch, Schweineschwarte und Gewürzen gefüllt ist. Der traditionelle *zampone* aus Modena muss sehr lange gegart werden, aber in Spezialgeschäften für italienische Lebensmittel bekommt man auch hervorragende vorgekochte *zamponi*, die nur erhitzt werden müssen. Zu Neujahr reicht man das Gericht traditionell mit Linsen – als Symbol für Wohlstand und Glück.

Die französischen Köche am Hof der Herzogin Marie Louise von Parma servierten dieses Gericht als Erste mit einem sehr alkoholreichen *Zabaione* aus Weißwein und einem Spritzer Cognac. Für eine weitere delikate Sauce 150 g frisch geriebenen Parmesan mit 75 ml Aceto balsamico di Modena verrühren.

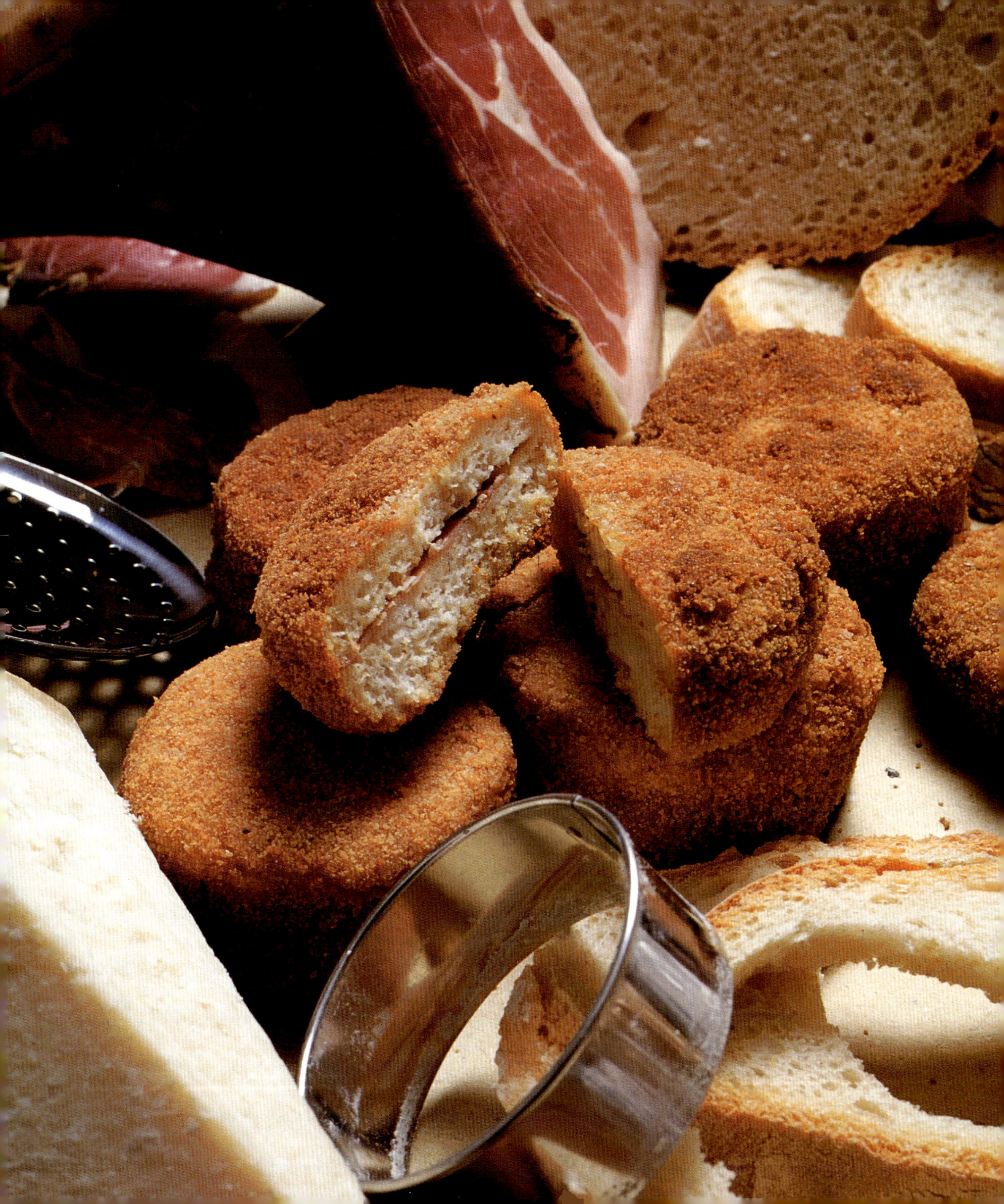

Secondi piatti

Fritto alla Garisenda
Gebratene Weißbrotscheiben mit Käse und Schinken

Für 6 Personen
Vorbereitungszeit: 25 Minuten
Garzeit: 20 Minuten
Schwierigkeitsgrad: relativ einfach

Die Rinde von den Weißbrotscheiben abschneiden. • Mit einer Ausstechform oder dem Rand eines kleinen Glases runde Brotscheiben von 5 cm Durchmesser ausstechen. • Zwischen zwei Brotscheiben jeweils eine Scheibe Schinken und eine Scheibe Käse legen (etwas kleiner als die Brote zurechtgeschnitten). • Wird Trüffel verwendet, dünn gehobelte Scheiben zwischen Schinken und Käse legen. • Die gefüllten Brote fest zusammendrücken. Kurz in Milch, anschließend in die verquirlten Eier tauchen und in den Semmelbröseln wenden. Nochmals in die Eier tauchen und wiederum in den Semmelbröseln wenden. • Die Brotränder sollten fest zusammengedrückt und gleichmäßig mit Eiern und Semmelbröseln bedeckt sein, da die Füllung beim Braten sonst austritt. • Die Butter in einer großen Pfanne zerlassen und die Brote darin von beiden Seiten goldbraun braten. • Auf Küchenpapier abtropfen lassen und sehr heiß servieren.

1 Kastenweißbrot mit fester Krume, in 24 Scheiben geschnitten
130 g roher Schinken
150 g Parmesan oder Greyerzer, in Scheiben geschnitten
1 weiße Trüffel (nach Belieben)
125 ml Milch
3 Eier, verquirlt
150 g feine Semmelbrösel
100 g Butter

Empfohlener Wein: ein leicht perlender trockener Rotwein (Lambrusco di Sorbara)

Die pikanten Brote sind nach einem der historischen Türme Bolognas benannt. Sie eignen sich auch als schmackhafte Zwischenmahlzeit oder als kleine Partyhäppchen. Man kann sie ohne weitere Beigaben servieren oder zusammen mit anderen gebratenen Spezialitäten Bologneser Art für *Fritto alla bolognese*.

Secondi piatti

Cotechino in galera
Herzhafte Roulade mit Cotechino

Für 4 Personen
Vorbereitungszeit: 25 Minuten
Garzeit: 1½ Stunden
Schwierigkeitsgrad: einfach

1 große dünne Scheibe Rind- oder Kalbfleisch, aus der Oberschale oder Lende (etwa 250 g)
1 *cotechino* (italienische Schweinskochwurst), etwa 300 g
2 EL Butter
1 kleine Zwiebel, grob gehackt
1 Stange Bleichsellerie, in kleine Stücke geschnitten
1 kleine Möhre, grob gerieben
125 ml trockener Rotwein
60 g getrocknete Steinpilze, in 300 ml warmem Wasser eingeweicht (das Wasser aufbewahren), abgetropft und gehackt

Empfohlener Wein: ein trockener Rotwein (Colli Piacentini Gutturnio)

Das Fleisch vorsichtig flachklopfen. • Die Haut von der Wurst entfernen und die Wurstmasse vollständig in das Fleisch wickeln. Die entstandene Roulade sorgsam, aber nicht zu fest mit Küchengarn fixieren. • In einer hohen Pfanne die Butter zerlassen, Zwiebel, Sellerie und Möhre einige Minuten darin braten. Die Roulade hineingeben und rundum braun anbraten. • Den Wein dazugießen und einkochen lassen. • Die Pilze und das Einweichwasser hinzufügen. • Bei schwacher bis mittlerer Hitze 1½ Stunden garen lassen. • Die Roulade herausnehmen, vom Küchengarn befreien und in Scheiben schneiden. Mit Bratensaft beträufelt servieren.

Für Artusi gehört diese Spezialität nicht zur feinen Küche, „man kann sie aber ohne Bedenken Freunden servieren". Auf alle Fälle ergibt es eine herrlich deftige und nahrhafte Mahlzeit.

Secondi piatti

Anguilla all'uso di Comacchio
Gedünsteter Aal aus Comacchio

Für 4 Personen
Vorbereitungszeit: 20 Minuten
Garzeit: 45 Minuten
Schwierigkeitsgrad: einfach

Die Aale enthäuten. Die Köpfe abschneiden und die Fische ausnehmen. • Das Öl in einer großen Pfanne erhitzen. Die Zwiebeln und den Knoblauch darin braten, bis sie gerade weich werden. • Essig und verrührtes Tomatenmark dazugießen. Mit Salz und Pfeffer würzen. Die Aale in die Pfanne legen und bei schwacher Hitze 30 Minuten garen. Während des Garens die Aale nicht wenden, da das Fleisch leicht zerfällt. Ab und zu die Pfanne schwenken, damit die Fische nicht am Pfannenboden festbraten. • Sehr heiß servieren.

2–3 Aale, zusammen ca. 1 kg
2 EL natives Olivenöl extra
2 große Zwiebeln, fein gehackt
1 Knoblauchzehe, fein gehackt
2 EL Weißweinessig
2 EL Tomatenmark, in 250 ml Wasser verrührt
Salz
Frisch gemahlener schwarzer Pfeffer

Empfohlener Wein: ein trockener Rotwein (Sangiovese di Romagna)

Die schlanken Aale sind schwer zu handhaben. Bitten Sie darum Ihren Fischhändler, die Fische zu enthäuten und den Kopf abzuschneiden. Bereiten Sie die Aale selbst vor, sollten Sie sie mit grobem Salz einreiben, sie lassen sich so besser festhalten.

Rohes Aalblut ist giftig! Dieses traditionelle Gericht stammt aus Comacchio, einem Küstengebiet der Romagna, wo man Aale in Lagunen züchtet. Aale leben im Süßwasser, nur zum Laichen ziehen sie stromabwärts ins Meer. Auf diesem Weg werden sie von Oktober bis Dezember gefangen, ebenso wie die Jungaale, die stromaufwärts ziehen.

Parmaschinken und andere luftgetrocknete Fleisch- und Wurstspezialitäten

Parmaschinken, der *prosciutto crudo di Parma*, gehört zu den größten Delikatessen der italienischen Küche und genießt weltweite Beliebtheit. Der italienische Name leitet sich von dem Verb *prosciugare*, „trocknen", ab, die Beifügung *crudo* bedeutet „roh". Bei dieser Spezialität handelt es sich nämlich nicht um Räucherschinken, vielmehr wird der Schinken nach einer über 2000 Jahre alten Tradition unter Zugabe von Salz luftgetrocknet.

Bereits zu Homers Zeiten (mindestens 800 v. Chr.) wurden Fleischwaren mit Hilfe von Salz, Rauch und Luft haltbar gemacht, und diese Methoden dienen auch heute noch zur Herstellung von Parmaschinken. Er ist ein idealer Appetitmacher und passt am besten zu frischen Kantalupe-Melonen, Feigen oder Spargel. In der Emilia Romagna wird er auch oft zu gebratenen Leckerbissen wie etwa *Crescenti* (s. Rezept S. 18) serviert.

Bei den Schweinen, die für den Parmaschinken gezüchtet werden, handelt es sich um eine anglo-dänische Kreuzung. Bis zur Schlachtung füttert man sie etwa ein Jahr lang mit Gerste, Hafer und Sojamehl. Die frischen Schinken werden gereinigt, mit wenig Salz gepökelt und einige Wochen an einem kühlen, gut belüfteten Ort getrocknet. Anschließend wäscht man sie und lässt sie 10–12 Monate reifen. Die jeweilige Dauer richtet sich nach der Größe der Schinken, die während dieser Zeit einen Großteil ihres Gewichts verlieren. Nach einer Qualitätskontrolle erhält jeder Schinken das Gütesiegel des Herzogtums von Parma.

Parmaschinken

Eine der meist geschätzten und teuersten luftgetrockneten Fleischspezialitäten Italiens produziert man in der Provinz Parma, in der Region um die kleine Stadt Zibello: Diese Spezialität heißt „culatello" und besteht aus dem entbeinten unteren Teil der Keule vom Schwein. Sie wird mit Salz, Knoblauch, Pfeffer und anderen Zutaten gewürzt, eingerollt und zugenäht. In dünne Scheiben geschnitten serviert man diese Spezialität in den besten Restaurants der Region zu den „antipasti".

Die Emilia Romagna wartet mit vielen Salamisorten auf, die mit speziellen Gewürzmischungen und nach besonderen Reifungsverfahren hergestellt werden. Bologneser Salami ist dank der kurzen Reifung von nur etwa vier Monaten sehr würzig und relativ weich. „Salame di Pelino" (rechts), aus der Nähe von Parma und eine der besten Salamis der Region, schmeckt milder, reift jedoch fast ein ganzes Jahr.

Mortadella ist eine Wurstspezialität der Provinzhauptstadt Bologna. Dort stellt man sie seit über 600 Jahren her. Die delikate weiche Wurst besteht aus einer Mischung aus fein gehacktem Schweinefleisch, Salz und Gewürzen und wird sehr langsam, manchmal bis zu 20 Stunden gebrüht. Die größten (und besten) Exemplare sind riesig: Sie wiegen bis zu 100 kg oder sogar mehr und sind 40 cm dick.

Secondi piatti

Canocchie ripiene
Scampi mit Kräuterkruste

Für 4–6 Personen
Vorbereitungszeit: 20 Minuten
Garzeit: 15 Minuten
Schwierigkeitsgrad: einfach

1 kg Scampi (Kaisergranat)
5 EL feine Semmelbrösel
2 Knoblauchzehen, fein gehackt
1 EL fein gehackte frische Petersilie
2 EL trockener Weißwein
5 EL natives Olivenöl extra
Salz
Frisch gemahlener schwarzer Pfeffer

Empfohlener Wein: ein trockener fruchtiger Weißwein (Colli Piacentini Ortrugo)

Mit einer scharfen spitzen Schere Beine, hervorstehende Schalenteile und Augen der Scampi abschneiden. • Die Schalen mit der Schere oder einem sehr scharfen spitzen Messer am Rücken der Scampi aufschneiden, ohne das Fleisch zu verletzen. Den Darm entfernen. • In einer Schüssel Semmelbrösel, Knoblauch, Petersilie, Wein, 2 EL Olivenöl, Salz und Pfeffer vermischen. Jeweils etwas Füllung in die aufgeschnittene Schale geben. Die Scampi mit dem restlichen Öl bestreichen. • Nebeneinander in einen Schmortopf legen und etwa 10 Minuten braten. Dabei einmal wenden. • Alternativ die Scampi in einen Bräter legen und etwa 15 Minuten im vorgeheizten Backofen bei 200 °C (Umluft 180 °C) garen.

Das italienische Originalrezept verlangt Heuschreckenkrebse, die im sandigen Meeresboden der Adria leben. Sie werden vor allem in den kalten Wintermonaten in großer Zahl mit Treibnetzen gefangen. Man bereitet sie ebenso wie Scampi zu.

Secondi piatti

Rossal
Gebratene Rotbarben

Das Olivenöl in einer großen Pfanne erhitzen. Knoblauch und Petersilie 2–3 Minuten darin sautieren. • Die Tomaten hinzufügen und mit Salz und Pfeffer abschmecken. Ohne Deckel 15 Minuten bei schwacher Hitze einkochen lassen. • Die vorbereiteten Fische im Mehl wenden. • Das Öl in einer Pfanne erhitzen und die Fische darin bei starker Hitze hellgolden braten. Auf Küchenpapier abtropfen lassen. • Die gebratenen Fische in die Tomatensauce geben. Vor dem Servieren einige Minuten stehen lassen.

Das Dialektwort *rossal* aus der Romagna bedeutet „junge Rotbarbe". Die kleinen Fische sind nur 6–7 cm lang und haben sehr zartes Fleisch. Sie werden im September an der Adriaküste gefangen. Das rohe Fleisch der Rotbarben fällt leicht auseinander. Sie müssen darum sorgsam vorbereitet werden und haben eine relativ kurze Garzeit. Für ein leichteres Gericht die Rotbarben nicht braten, sondern in der Sauce mitgaren.

Für 4 Personen
Vorbereitungszeit: 20 Minuten
Garzeit: 30 Minuten
Schwierigkeitsgrad: einfach

125 ml natives Olivenöl extra
1 Knoblauchzehe
2 EL fein gehackte frische Petersilie
350 g reife Tomaten, blanchiert, enthäutet, vom Stielansatz befreit und grob gehackt
Salz
Frisch gemahlener schwarzer Pfeffer
500 g junge Rotbarben, ausgenommen, Kopf und Flossen abgeschnitten
125 g Mehl
Olivenöl zum Braten

Empfohlener Wein: ein trockener fruchtiger Weißwein (Colli di Parma Sauvignon)

Verdure

Gemüsegerichte

Radicchio mit Speck und Balsamessig	89
Gefüllte Zucchini	90
Kartoffel-Käse-Auflauf	94
Eingelegte Auberginen	95
Gebratener Kürbis	96
Spargel mit Parmesan	98
Pikantes Zwiebel-Tomaten-Gemüse	99

Die weiten, fruchtbaren Ebenen der Emilia Romagna eignen sich ideal für den Obst- und Gemüseanbau. Jedes Jahr ernten die Bauern große Mengen Tomaten, Zucchini, Paprikaschoten, Auberginen, Spinat, Fenchel, Artischocken, Kürbisse, Spargel, Erbsen und viele andere Erzeugnisse bester Qualität. All diese Gemüsesorten sind wichtige Zutaten verschiedenster Speisen – ob mit Kürbis gefüllte Pasta aus Ferrara oder Pastateig mit Spinat für Lasagne Bologneser Art. Aber es gibt auch viele eigenständige Gemüsegerichte. In diesem Kapitel zeigen wir einige traditionelle Speisen, die man als Beilagen oder Vorspeisen servieren kann oder kombiniert als vollständige Mahlzeiten.

Radicchio all'aceto balsamico

Radicchio mit Speck und Balsamessig

Den Salat waschen und trockenschwenken. Die einzelnen Blätter in einer hitzebeständigen Schüssel oder Keramikschale anrichten. • Die Butter in einer Pfanne zerlassen und Speck und Knoblauch darin goldbraun braten. • Den Balsamessig und eine Prise Salz hinzufügen. Vom Herd nehmen. • Den gebratenen Speck über den Radicchio verteilen. Sofort servieren.

Für 6 Personen
Vorbereitungszeit: 15 Minuten
Garzeit: 10 Minuten
Schwierigkeitsgrad: einfach

500 g Radicchio oder Chicorée
3 EL Butter
125 g fetter oder magerer Speck (*pancetta*), klein gewürfelt
2 Knoblauchzehen, fein gehackt
3 EL Balsamessig
Salz

Empfohlener Wein: ein leicht perlender trockener Weißwein (Colli Piacentini Malvasia)

Dieser delikate warme Salat ist in der Region als *pote* bekannt und die ideale Beilage für gebratenes Fleisch und Geflügel sowie für ausgebackene Speisen und Kalbsschnitzel.

Verdure

Zucchine ripiene
Gefüllte Zucchini

Für 4 Personen
Vorbereitungszeit: 20 Minuten
Garzeit: 30 Minuten
Schwierigkeitsgrad: einfach

4 kleinere Zucchini
1 EL fein gehackte frische Petersilie
1 Knoblauchzehe, fein gehackt
60 g feine Semmelbrösel
60 g Parmesan, frisch gerieben
1 Ei
2 EL Milch
60 g Butter
1 große Schalotte
2 EL passierte Tomaten (*passata*)
Salz
Frisch gemahlener schwarzer Pfeffer

Empfohlener Wein: ein leicht perlender trockener Weißwein (Colli bolognesi bianco)

Die Zucchini waschen, die Enden entfernen und der Länge nach halbieren. • Mit einem Kugelausstecher oder einem Teelöffel das Fruchtfleisch in der Mitte der Zucchinihälften herauskratzen. Das Fruchtfleisch fein hacken und in einer Schüssel mit Petersilie, Knoblauch, Semmelbröseln, Parmesan, Ei und Milch vermischen. • Die ausgehöhlten Zucchinihälften gleichmäßig mit der Mischung füllen. • Die Butter in einer großen Pfanne zerlassen. Die Schalotte darin weich braten. Die Tomaten hinzufügen und mit Salz und Pfeffer abschmecken. • Die gefüllten Zucchini nebeneinander in der Pfanne anordnen. Soviel Wasser dazugießen, dass die Zucchini zur Hälfte im Wasser liegen. • Bei mittlerer Hitze 20 Minuten garen.

Als Variante kann man die Zucchinihälften auch mit einer Fleischmischung füllen. Dafür 1 zerkleinerte Stange Bleichsellerie, 1 fein gehackte Zwiebel sowie 1 geraspelte Möhre mit 300 g magerem Rinderhack 15 Minuten in der Butter braten. Dabei ständig rühren. Die Fleischfüllung mit den oben genannten Zutaten vermischen, nur den Knoblauch weglassen. Die Zucchini füllen und wie beschrieben garen.

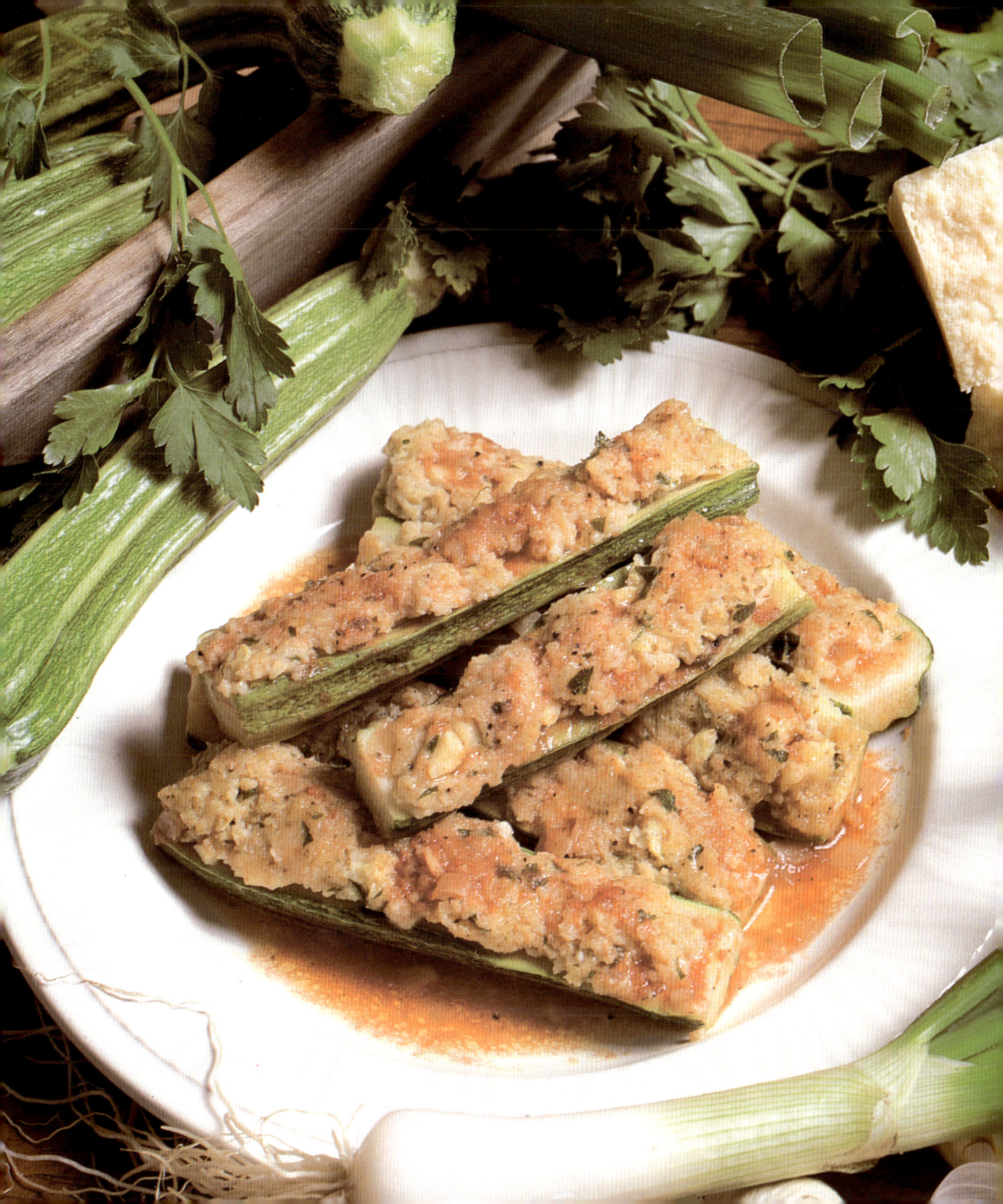

Balsamessig: Schwarzes Gold

Balsamessig wird in Modena in der Emilia produziert. Die Herstellung erfolgt aus unfermentiertem Traubensaft („Most") sorgsam ausgewählter Trebbiano-Trauben. In einem langwierigen Verfahren entsteht daraus das dunkle, hocharomatische Würzmittel, mit dem man Fleisch, Salate und Gemüse verfeinert. Fünf Jahre lang wird der Traubenmost jährlich von einem Holzfass in ein neues gefüllt, bis aus 100 kg Traubenmost etwa 2 Liter Balsamessig geworden sind. Die notwendige Zeit, Geduld und Fertigkeit erklärt den hohen Preis des hochwertigen Essigs. Einhundert Jahre alter, in Fässern aus Eichen- oder Wacholderholz gereifter Balsamessig kann pro Liter bis zu einer Million italienische Lire kosten – etwa 1000 DM! Doch dem echten Feinschmecker ist kein Preis zu hoch für diese außergewöhnliche, dunkel schimmernde Flüssigkeit mit dem ausgeprägten, aber feinen Geschmack und der beinah sirupartigen Konsistenz. Das herbsüße Aroma verfeinert Eiscremes, Erdbeeren, gegartes und gebratenes Fleisch, Salate und Frittiertes. Da sich die Essigspezialität inzwischen solch großer Beliebtheit erfreut, wurde ein Konsortium gegründet, um die Qualität des Erzeugnisses zu garantieren und es vor billigen Kopien zu schützen.

SALAT MIT KRÄUTERN UND BALSAMESSIG

150 g brauner Reis
100 g Wildreis oder roter Reis
500 g gemischtes Salatgemüse (Löwenzahn, Chicorée, Endivien)
1 Bund Rucola, mit der Schere klein geschnitten
1 Bund frische Salatkräuter oder Pimpinelle, ganze Blätter
15 frische Minzeblätter
1 Bund frischer Kerbel, ganze Zweige
2 Bund frische Kresse, grob gehackt
4 Möhren, fein geraspelt
300 g frische Himbeeren
4 EL natives Olivenöl extra
4–6 EL Balsamessig

Den Reis in gesalzenem, kochendem Wasser in etwa 40 Minuten weich garen. • Das Salatgemüse waschen und trockenschwenken. In einer Salatschüssel mit den Kräutern vermischen. • Die Möhren darüber verteilen. Mit einem Großteil der Himbeeren garnieren. • Den Reis abgießen, abtropfen lassen und in einer Schüssel mit dem Olivenöl vermischen. • Den Reis in eine große Schüssel füllen und mit den restlichen Himbeeren garnieren. • Den Salat mit dem Balsamessig beträufeln und servieren.

Balsamessig

Der Traubenmost wird gefiltert und dann auf ein Drittel der ursprünglichen Menge eingekocht. Nach dem Abkühlen wird er in große Fässer gefüllt, meist aus Eichenholz, in denen man ihn mindestens ein Jahr reifen lässt. In jedem folgenden Jahr wird er in jeweils kleinere Fässer aus unterschiedlichem Holz gefüllt – zuerst Kastanie, dann Kirsche, Esche und Maulbeerbaum. In diesen Fässern entwickelt der Essig seinen unnachahmlichen Geschmack.

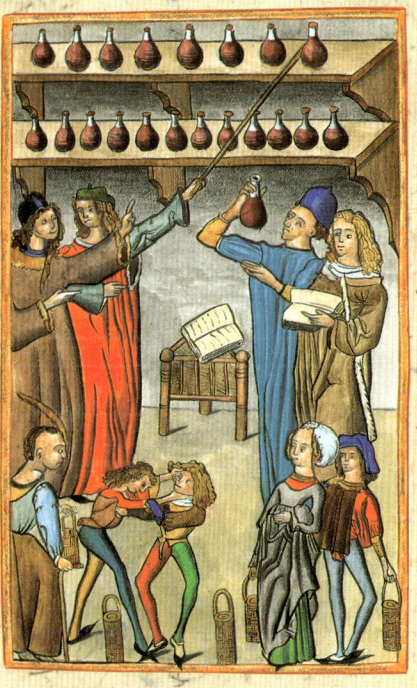

Da der Most in den Fässern zum Teil verdunstet und die Menge auch durch den Fermentationsprozess geringer wird, fügt man jedes Jahr etwas aufgekochten, konzentrierten Traubenmost hinzu. Durch die Fermentierung steigt ganz langsam die Konzentration des ursprünglichen Mosts. Balsamessig lässt man stets an einem kühlen, gut belüfteten Ort reifen.

Die Bezeichnung „Balsam" verweist auf die Heilwirkungen des Essigs, die allerdings auch für gewöhnliche Essigsorten gelten. Hippokrates, der berühmteste Arzt des Altertums, verschrieb in Essig eingeweichte Bandagen zur Heilung von Abschürfungen und Wunden und rühmte die medizinische Wirkung des Essigs bei Erkrankungen der Atemwege. In späterer Zeit verwendete man Essig während Pest- oder Pockenepidemien, um Menschen und Gegenstände zu desinfizieren, und im 19. Jahrhundert weckte er zarte junge Damen aus der Ohnmacht.

Die Entstehung des Balsamessig liegt weit zurück. Offensichtlich war bereits den Römern das Herstellungsverfahren bekannt. Am Hof der Herzöge von Este wurde dieses Verfahren zu einer Kunstform erhoben, deren Einzelheiten ebenso geheim waren wie der Geschmack des Essigs berühmt war. Das Wissen um die Produktion war bis vor relativ kurzer Zeit auf die ältesten Familien Modenas beschränkt. Fässer mit Balsamessig wurden von den Großeltern an die Enkelkinder vererbt oder in der Familie zur Hochzeit verschenkt.

Verdure

Tortino di patate
Kartoffel-Käse-Auflauf

Für 4 Personen
Vorbereitungszeit: 20 Minuten
Garzeit: 45 Minuten
Schwierigkeitsgrad: einfach

750 g festkochende Kartoffeln
125 g Butter
250 g Parmesan, Rinde entfernt
Salz
Frisch gemahlener schwarzer Pfeffer
250 ml Milch

Empfohlener Wein: ein leicht perlender trockener Rotwein (Colli Piacentini Gutturnio)

Die Kartoffeln gründlich waschen. Mit der Schale in etwa 20 Minuten nicht zu weich garen. • Die gegarten Kartoffeln heiß schälen und abkühlen lassen. • In 1 cm breite Scheiben schneiden. Schichtweise in eine tiefe gefettete Auflaufform legen. Dabei Butterflöckchen sowie dünn gehobelte Scheiben Parmesan auf jeder Schicht verteilen und mit Salz und Pfeffer bestreuen. • Die Milch dazugießen. Im vorgeheizten Backofen bei 200 °C (Umluft 180 °C) 25 Minuten backen.

Der einfache und günstige Kartoffelauflauf passt sehr gut zu gebratenem Fleisch und Geflügel. Etwas geriebene Muskatnuss verleiht ihm zusätzliches Aroma.

Verdure

Melanzane marinate
Eingelegte Auberginen

Die Auberginen von den Stielansätzen befreien, waschen und trockentupfen. Längs in dünne Scheiben schneiden und in ein Sieb schichten. Jede Schicht großzügig mit Salz bestreuen. Einen Teller darüberlegen und mit einem Stein beschweren. Die Auberginen 1 Stunde Wasser ziehen lassen. Sie verlieren so ihren bitteren Geschmack und saugen beim Braten weniger Öl auf. • Auberginenscheiben aus dem Sieb nehmen und mit Küchenpapier trockentupfen. • Reichlich Öl in einer großen Pfanne erhitzen. Die Auberginen darin goldbraun braten, auf Küchenpapier abtropfen lassen. • Schichtweise in eine Form mit geradem Rand legen. Dabei auf jeder Schicht Knoblauchscheiben und Salbeiblätter verteilen. • Mit Weißweinessig bedecken und 24 Stunden marinieren lassen.

Für 6 Personen
Vorbereitungszeit: 20 Minuten + 1 Stunde, um die Auberginen Wasser ziehen zu lassen, und 24 Stunden zum Marinieren
Garzeit: 20 Minuten
Schwierigkeitsgrad: einfach

4 große Auberginen
Salz
Olivenöl zum Braten
2 Knoblauchzehen, in dünne Scheiben geschnitten
8–10 frische Salbeiblätter
Weißweinessig

Empfohlener Wein: ein leichter trockener Rotwein (Lambrusco Grasparossa)

Die marinierten Auberginen sind eine schmackhafte Vorspeise. Sie harmonieren auch gut mit gegartem Fleisch oder Fisch. Statt des Salbeis können auch Lorbeerblätter verwendet werden. Zum Braten der Auberginen wurde traditionell Schweineschmalz verwendet.

Verdure

Zucca fritta
Gebratener Kürbis

Für 4 Personen
Vorbereitungszeit: 10 Minuten
Garzeit: 15 Minuten
Schwierigkeitsgrad: einfach

1 kg Riesen- oder Muskatkürbis
125 g Mehl
Oliven- oder Sonnenblumenöl zum Braten
Salz

Empfohlener Wein: ein leichter trockener Weißwein (Colli Piacentini Pinot Grigio)

Den Kürbis schälen und von den Kernen und Fasern befreien. Das Fleisch in 1 cm dicke und 4 cm lange Stücke schneiden. • Die Scheiben zügig im Mehl wenden. • In einer Pfanne reichlich Öl sehr stark erhitzen. Die Kürbisstücke darin portionsweise von beiden Seiten goldbraun braten. • Auf Küchenpapier abtropfen lassen. • Mit etwas Salz bestreuen und sehr heiß servieren. • Für besonders knusprige Kürbisstücke viel Öl in einem kleinen Topf sehr heiß werden lassen. Die Stücke darin in sehr kleinen Portionen frittieren, damit das Öl seine hohe Temperatur behält. Bei dieser Methode des Frittierens können die Kürbisstücke nicht so viel Öl aufsaugen.

Wer in Öl Gebratenes nicht verträgt, kann die folgende Variante ausprobieren: Den Backofen auf 200 °C (Umluft 180 °C) vorheizen. Den Kürbs in 1½ cm dicke Stücke schneiden, auf dem Rost verteilen und in den Ofen schieben. • Nach 15 Minuten Backzeit die Temperatur auf 220 °C (Umluft 200 °C) erhöhen und die Stücke weitere 5 Minuten backen. • Mit Butterflöckchen belegen, mit Salz und Pfeffer bestreuen und heiß servieren.

Kürbisgerichte kamen in Italien früher häufig auf den Tisch, und reisende Straßenverkäufer boten den Passanten heißen, duftenden gebackenen Kürbis an. Inzwischen wird Kürbis nur noch in wenigen Regionen öfter gegessen – etwa in der Emilia Romagna, wo Riesenkürbisse eine verbreitete Zutat für Füllungen und Suppen sind.

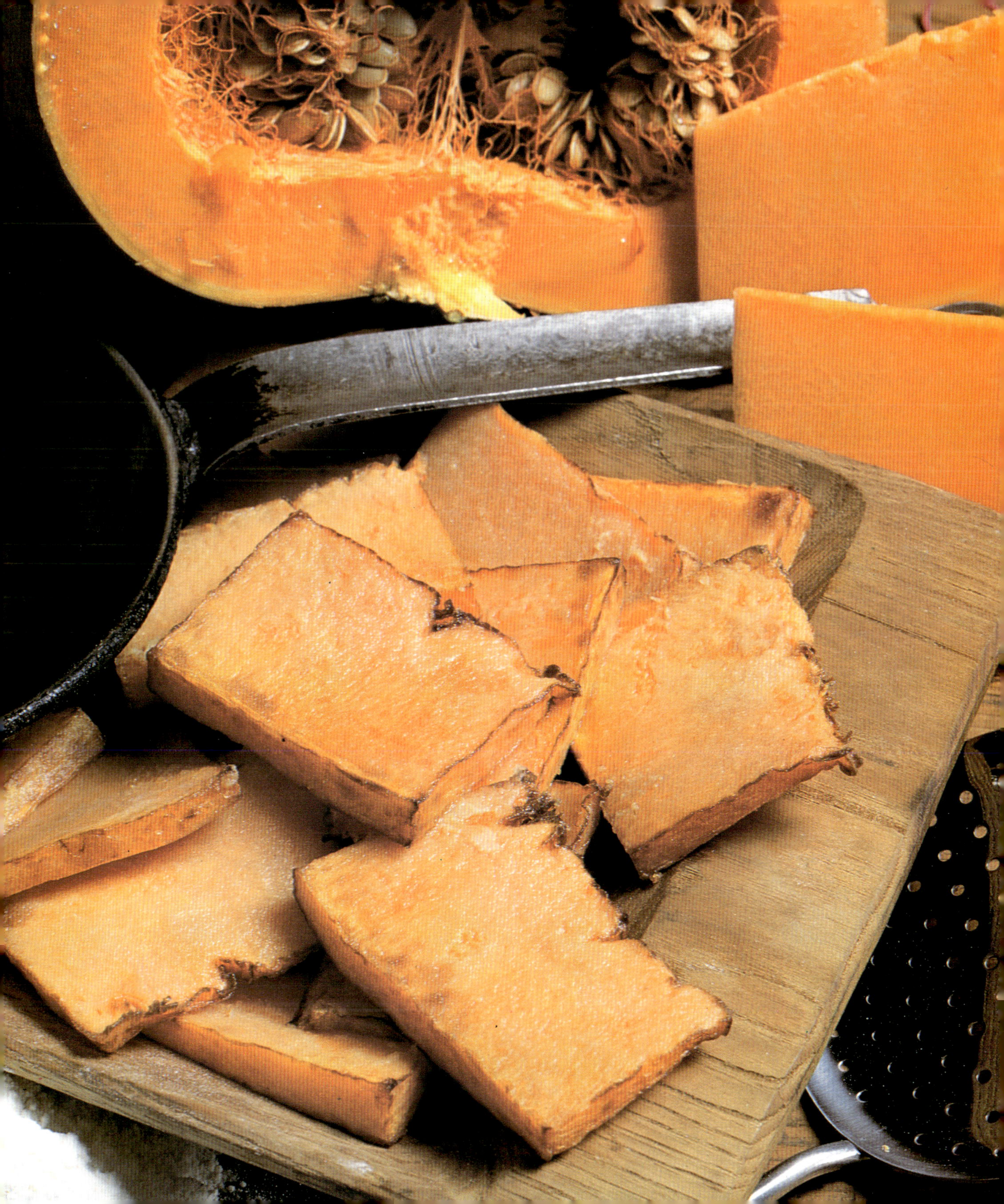

Verdure

Asparagi alla parmigiana
Spargel mit Parmesan

Für 6 Personen
Vorbereitungszeit: 20 Minuten
Garzeit: 30 Minuten
Schwierigkeitsgrad: einfach

2 kg grüner Spargel
150 g Butter
Je 1 Prise Salz und Zucker
150 Parmesan, frisch gerieben
Salz

Empfohlener Wein: ein trockener Weißwein (Colli di Parma Sauvignon)

In der Emilia Romagna werden große Mengen Spargel angebaut. Sein delikates, leicht bitteres Aroma ist hier hochgeschätzt.

Den Spargel waschen. Die holzigen Enden abschneiden, so dass die Stangen gleichlang sind. Etwa in der Mitte beginnend die untere Hälfte der Spargelstangen sehr dünn schälen. • Die Stangen in kaltem Wasser waschen und mit Küchengarn zu einem oder mehreren Bündeln zusammenbinden. • Die Bündel mit den Spargelspitzen nach oben aufrecht in einen hohen, schmalen Topf stellen. So viel kochend heißes Wasser dazugießen, dass der Spargel zu zwei Dritteln im Wasser steht. Die zarten Spargelspitzen sollten herausschauen, damit sie nur im Dampf garen und ihr feines Aroma bewahren. Jeweils 1 Prise Salz und Zucker in das Wasser geben und den Spargel je nach Dicke der Stangen in 10–20 Minuten bissfest garen. • Die Bündel mit zwei Gabeln am Küchengarn aus dem Wasser nehmen, abtropfen lassen und den Spargel in eine feuerfeste, mit Butter eingefettete Form schichten. Jede Schicht mit Butterflöckchen belegen und mit etwas Parmesan bestreuen. • Für 10 Minuten in den auf 200 °C (Umluft 180 °C) vorgeheizten Backofen schieben, bis der Käse geschmolzen ist. • Heiß servieren.

Verdure

Frizon
Pikantes Zwiebel-Tomaten-Gemüse

Für 6 Personen
Vorbereitungszeit: 15 Minuten
Garzeit: 45 Minuten
Schwierigkeitsgrad: einfach

Das Olivenöl in einem großen Topf mit schwerem Boden erhitzen und die Zwiebeln darin bei mittlerer Hitze goldbraun braten. • Die Paprikaschoten hinzufügen und 10 Minuten mitbraten. • Die Tomaten grob hacken und dazugeben. Mit Salz und Pfeffer abschmecken. Bei schwacher Hitze 30 Minuten köcheln lassen, dabei ab und zu umrühren. • Heiß oder von Raumtemperatur servieren.

250 ml natives Olivenöl extra
1 kg Zwiebeln, in Scheiben geschnitten
Je 1 rote und gelbe Paprikaschote, Samen und Scheidewände entfernt und in kleine Stücke geschnitten
600 g reife Tomaten, blanchiert, enthäutet und vom Stielansatz befreit
Salz
Frisch gemahlener schwarzer Pfeffer

In diesem beliebten Gemüsegericht werden auch gern Reste vom Vortag mitgegart. Für eine Variante aus der Romagna 750 g grobes Wurstbrät vor den Tomaten hinzufügen und mit den Zwiebeln und Paprikaschoten braten. Mancherorts gibt man außerdem noch gewürfelte festkochende Kartoffel dazu.

Empfohlener Wein: ein leichter trockener Weißwein (Colli Piacentini Trebbiano Val Trebbia)

Dolci

Desserts

Biskuit-creme-kuchen aus der Emilia	101
Kuchen aus Modena	103
Tortelli mit marmeladenfüllung	104
Schmalzgebäck	105
Amaretti-schokoladen-kuchen	106
Weihnachtskuchen	108
Maismehlkekse mit pinienkernen und sultaninen	112
Feiner reiskuchen	113
Dunkler kuchen	115
Reispudding nach Artusi	116

Als Abschluss einer festlichen Familienmahlzeit und bei religiösen Feiern serviert man in der Emilia Romagna feine Desserts, Kuchen und Gebäck. Viele Süßspeisen werden mit bestimmten Städten oder Dörfern in Verbindung gebracht, in denen sie erfunden wurden. Manche Rezepte sind bereits viele hundert Jahre alt. Der Weihnachtskuchen etwa ist eine Spezialität aus dem Mittelalter und zählt zu den ältesten italienischen Rezepten. Wie die anderen Spezialitäten der Emilia Romagna werden auch die meisten Desserts und Kuchen aus regionalen Erzeugnissen wie Maismehl, Nüssen, Reis, Honig und Früchten zubereitet.

Zuppa all'emiliana
Biskuit-Creme-Kuchen aus der Emilia

Für 4–6 Personen
Vorbereitungszeit: 45 Minuten +
3–4 Stunden Kühlzeit
Garzeit: 15 Minuten
Schwierigkeitsgrad: einfach

In einer hitzebeständigen Schüssel Eigelb und Zucker schaumig schlagen. • Nach und nach das Mehl unterrühren, so dass sich keine Klümpchen bilden. • Unter ständigem Rühren die Milch zugießen. • Die Schüssel auf einen Topf mit leicht siedendem Wasser stellen. Unter Rühren vorsichtig erhitzen, bis die Mischung zu einer Creme eindickt. • Die Hälfte der Creme in eine zweite Schüssel füllen. Die Schokolade zu der Creme in die erste Schüssel geben. Diese wieder auf den Topf mit Wasser stellen und rühren, bis die Schokolade geschmolzen ist. Beiseite stellen. • Eine Springform (Durchmesser 26 cm) einfetten und mit Biskuitscheiben auslegen. Mit Hilfe eines Backpinsels den Biskuit mit Likör oder Rum tränken. • Die abgekühlte helle Creme auf den Biskuit streichen. Darüber je eine Schicht Marmelade und Schokoladencreme verteilen. Zuletzt mit in Likör oder Rum getränktem Biskuit belegen. Den Kuchen 3–4 Stunden kalt stellen. Kurz vor dem Servieren auf einen Teller stürzen.

3 Eigelb
100 g feiner Zucker
75 g Mehl
750 ml lauwarme Milch
150 g Halbbitterschokolade, geraspelt
1 Biskuitkuchen (350 g), in dünne Scheiben geschnitten
200 g Kirschmarmelade, ersatzweise Pflaumenmarmelade
Alchermes, Maraschino oder Rum

Den Kuchen servierte man traditionell zu ländlichen Hochzeitsfeiern und Dorffesten. Das Rezept erinnert an die in Italien beliebte Kuchenspezialität *Zuppa inglese*, die allerdings ohne Marmelade zubereitet wird.

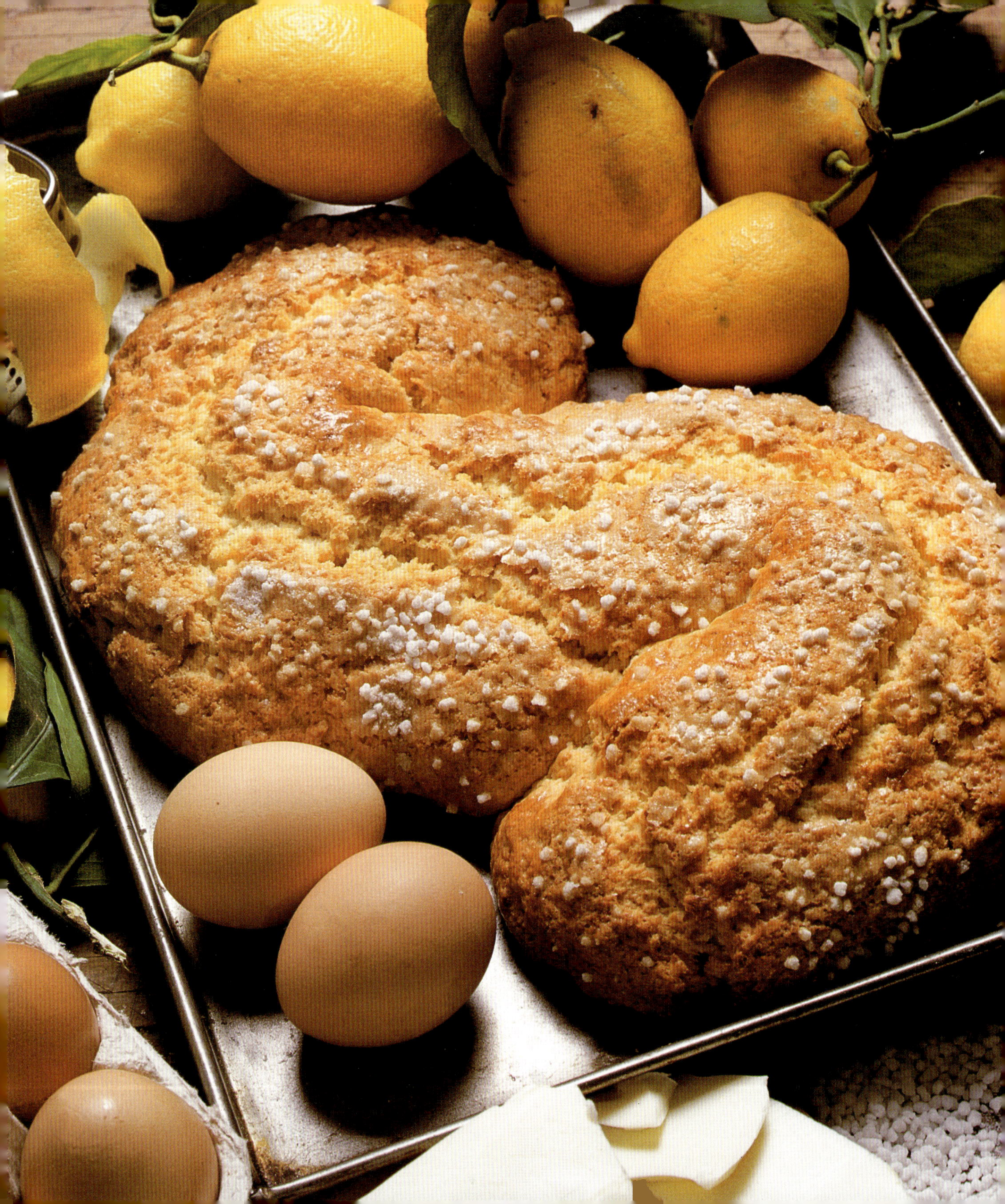

Dolci

Bensone
Kuchen aus Modena

Für 6 Personen
Vorbereitungszeit: 25 Minuten
Backzeit: etwa 40 Minuten
Schwierigkeitsgrad: einfach

Das Mehl in eine Rührschüssel sieben. • Zucker, Salz, Zitronenschale und Backpulver untermischen. • Die Mehlmischung auf eine Arbeitsfläche geben. Eine Mulde in die Mitte drücken und Butter und Eier hineingeben (1 EL verschlagenes Ei zum Bestreichen zurückbehalten). Nach und nach mit den Fingern unter das Mehl arbeiten, dabei 2–3 EL Milch hinzufügen. Die Masse nur so lange kneten, bis ein glatter, geschmeidiger Teig entstanden ist. • Ein Backblech einfetten und mit Mehl bestäuben. • Den Teig zu einer langen, dicken Rolle formen und in S-Form auf das Backblech legen. • Mit dem zurückbehaltenen Ei bestreichen und mit grobem Zucker bestreuen. Mit einem scharfen, spitzen Messer den Kuchen von einem Ende bis zum anderen in der Mitte leicht einschneiden. • Im vorgeheizten Backofen bei 180 °C (Umluft 160 °C) 40 Minuten backen. • Auf ein Kuchengitter setzen und vor dem Servieren 10 Minuten abkühlen lassen.

500 g Mehl
150 g feiner Zucker
1 Prise Salz
Abgeriebene Schale von 1 unbehandelten Zitrone
3½ TL Backpulver
125 g Butter, in Flöckchen zerteilt
3 Eier, leicht verschlagen
2–3 EL Milch
Butter und Mehl für das Backblech
100 g grober Zucker

In Modena serviert man diesen Kuchen oft zum Abschluss einer Mahlzeit. Wer noch Lambrusco im Glas hat, taucht dann ein Stück Kuchen hinein. Das Rezept ist sehr alt: In Modena kennt man es bereits seit 1300. Der Kuchen wurde traditionell am 1. Dezember gebacken und den Gold- und Silberschmieden der Stadt, die an diesem Tag ihren Schutzpatron feierten, überreicht.
Der italienische Name *Bensone* ist möglicherweise von der französischen Bezeichnung *pain de benisson* abgeleitet, die „Brot des Segens" bedeutet.

Dolci

Tortelli di marmellata
Tortelli mit Marmeladenfüllung

Für 8 Personen
Vorbereitungszeit: 1 Stunde +
1 Stunde Ruhezeit für den Teig
Backzeit: 30 Minuten
Schwierigkeitsgrad: relativ einfach

500 g Mehl
3 TL Backpulver
250 g feiner Zucker
1 Prise Salz
150 g Butter, in Flöckchen zerteilt
3 Eier
3 EL Sassolino oder Rum
400 g Kirschmarmelade, ersatzweise Pflaumenmarmelade
Butter und Mehl für das Backblech
Puderzucker

Empfohlener Wein: ein halbtrockener perlender Weißwein (Malvasia Amabile)

Mehl, Backpulver, Zucker und Salz in einer Rührschüssel vermischen. Die Mehlmischung auf eine Arbeitsfläche geben. • Eine Mulde in die Mitte drücken und Butter, Eier und Likör oder Rum hineingeben. Mit den Fingern unter das Mehl arbeiten. Die Masse dabei nur so lange kneten, bis ein glatter, geschmeidiger Teig entsteht. • Zu einer Kugel formen, in Frischhaltefolie wickeln und 1 Stunde ruhen lassen. • Den Teig knapp ½ cm dick ausrollen. Mit einem Teigrädchen runde Teigplatten von 7–8 cm Durchmesser ausschneiden. • Jeweils 1 TL Marmelade in die Mitte der Teigplatten geben und diese über der Marmeladenfüllung halbkreisförmig zusammenklappen. Die Ränder fest andrücken. • Ein oder zwei Backbleche (je nach Bedarf) einfetten und mit Mehl bestäuben. Die gefüllten *tortelli* mit reichlich Abstand darauf verteilen. • Im vorgeheizten Backofen bei 190 ° C (Umluft 170 °C) 30 Minuten backen. • Die *tortelli* abkühlen lassen und Puderzucker darübersieben.

Dieses Gebäck reicht man traditionell zur Karnevalszeit, aber es eignet sich auch gut für einen Kindergeburtstag und passt hervorragend zu Tee oder Kaffee.

Sappole
Schmalzgebäck

Für 8 Personen
Vorbereitungszeit: 20 Minuten +
2 Stunden Ruhezeit für den Teig
Backzeit: 15 Minuten
Schwierigkeitsgrad: einfach

500 g Mehl
2 EL feiner Zucker
1 Prise Salz
2 EL Butter, in Flöckchen zerteilt
4 Eier
3 EL Weinbrand, ersatzweise Weißwein oder 1 EL abgeriebene unbehandelte Zitronenschale
Schmalz zum Ausbacken
Puderzucker

Empfohlener Wein: ein halbtrockener oder trockener perlender Weißwein (Colli Bolognesi Pignoletto Amabile oder Secco)

Das Mehl in eine Rührschüssel sieben und mit Zucker und Salz vermischen. • Die Mehlmischung auf eine Arbeitsfläche geben und eine Mulde in die Mitte drücken. Butter, Eier und Weinbrand hineingeben und alles mit den Fingern zu einem glatten, geschmeidigen Teig verarbeiten. • Mit einem sauberen Küchentuch bedecken und 2 Stunden an einem warmen Ort stehen lassen. • Den Teig sehr dünn ausrollen (weniger als 3 mm). • Mit einem Teigrädchen in 3 cm breite und 20 cm lange Streifen schneiden. • Jeden Teigstreifen locker zu einem Knoten binden. Das Öl in einem Topf mit schwerem Boden stark erhitzen und die Teigknoten in kleinen Portionen ausbacken, bis sie hellgolden sind. • Auf Küchenpapier abtropfen lassen. • Vor dem Servieren etwas Puderzucker über das Gebäck sieben.

Dieses traditionsreiche Karnevalsgebäck wird überall in Italien zubereitet, der Name und die Zutaten variieren allerdings.

Torta di amaretti e cioccolato
Amaretti-Schokoladen-Kuchen

Für 6 Personen
Vorbereitungszeit: 30 Minuten +
30 Minuten Ruhezeit für den Teig
Backzeit: 1¼ Stunden
Schwierigkeitsgrad: relativ einfach

Für den Teig:
250 g Mehl
125 g feiner Zucker
125 g weiche Butter
1 Ei, zusätzlich 1 Eigelb
1 TL Backpulver
2 *amaretti* (Mandelmakronen), zerstoßen
1 EL Rum

Für die Creme:
300 ml Vollmilch
1 Stück Schale von 1 unbehandelten Zitrone
3 Eigelb
3 EL feiner Zucker
75 g Mehl
½ TL Vanille-Essenz
1 EL Butter

Für die Füllung:
10 Löffelbiskuits
400 ml Alchermes
15 *amaretti* (Mandelmakronen), zerstoßen
300 g Halbbitterschokolade, grob geraspelt

Mehl, Zucker, Butter, Eier, Backpulver, *amaretti* und Rum in einer Schüssel mit den Fingern zu einem festen Teig verarbeiten. • Zu einer Kugel formen, in Frischhaltefolie wickeln und für 1 Stunde in den Kühlschrank stellen. • Inzwischen für die Creme die Milch mit der Zitronenschale in einem Topf leicht zum Kochen bringen. • Eigelb und Zucker in einer hitzebeständigen Schüssel verquirlen. Das Mehl unterrühren. • Die Zitronenschale aus der heißen Milch nehmen und diese unter die Eiermischung rühren. Die Mischung zur heißen Milch in den Topf geben und bei mittlerer Temperatur unter ständigem Rühren erhitzen, bis sie zu einer Creme eindickt. Vanille-Essenz und Butter hinzufügen und gut verrühren. • Die Creme beiseite stellen und abkühlen lassen. • Den Teig ausrollen und mit der Hälfte davon eine Springform (Durchmesser 20 cm) auskleiden. Eine Schicht abgekühlte Creme darauf verteilen. Darüber je eine Schicht Löffelbiskuits und in Alchermes getauchte *amaretti* legen, mit Schokoladenraspeln bestreuen. Den Vorgang wiederholen, bis alle Zutaten aufgebraucht sind. • Mit dem übrigen Teig bedecken, die Ränder zusammendrücken. Die Oberfläche mit einer Gabel einstechen. • Im vorgeheizten Backofen bei 180 °C (Umluft 160 °C) 1 Stunde backen. • Von Raumtemperatur servieren.

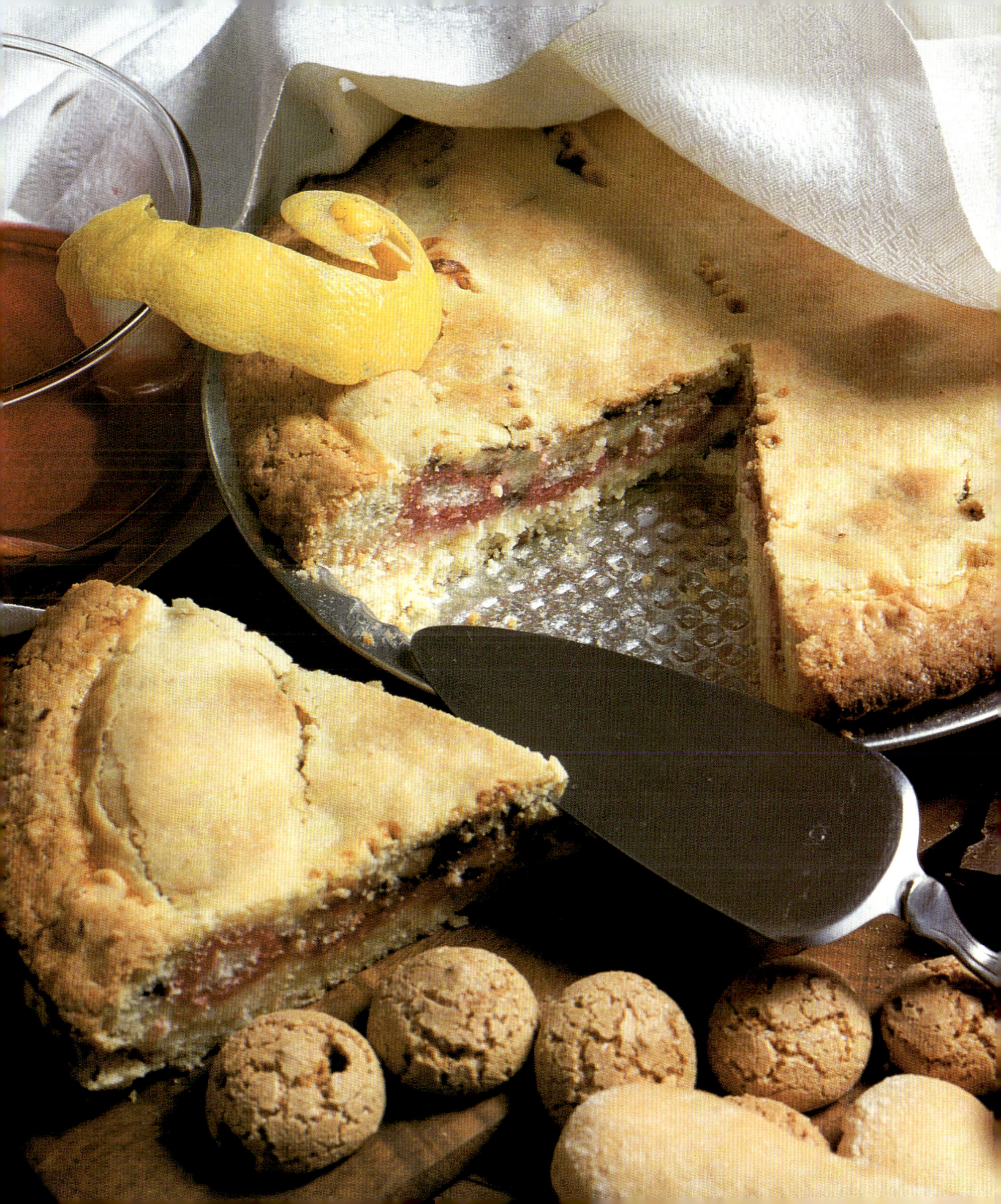

Für 6 Personen
Vorbereitungszeit: 2 Stunden +
2–3 Tage Ruhezeit für die Füllung
Backzeit: 25 Minuten
Schwierigkeitsgrad: anspruchsvoll

Für die Füllung:
125 g Walnüsse
100 g feine Semmelbrösel
300 g dickflüssiges Kompott oder Marmelade
500 g flüssiger Honig
125 ml Wasser
100 g kernlose Rosinen, in Wasser eingeweicht und abgetropft
100 g Pinienkerne
1 Prise gemahlener Zimt

300 g Mehl
100 g feiner Zucker
1 Prise Salz
Abgeriebene Schale von 1 unbehandelten Zitrone
150 g Butter, in Flöckchen zerteilt
1 Ei, zusätzlich 2 Eigelb

Puderzucker

Das Rezept für dieses klassische Dessert, das traditionell an Weihnachten serviert wird, stammt aus der Renaissance. Es ist eine Spezialität zweier Städte der Emilia: Brescello sowie Busseto, der Geburtsstadt Giuseppe Verdis.

Spongata
Weihnachtskuchen

Die Walnüsse fein hacken. • Die Semmelbrösel auf einem Backblech verteilen und im Backofen bei etwa 160 °C leicht bräunen. • Die Fruchtstücke im Kompott oder in der Marmelade in sehr kleine Stücke hacken. Zusammen mit den Nüssen und Semmelbröseln in eine Rührschüssel geben. • Honig und Wasser in einen kleinen Topf füllen und langsam zum Kochen bringen. In die Rührschüssel gießen und alles verrühren. Rosinen, Pinienkerne und Zimt gut untermischen. • Die Schüssel mit einem sauberen Küchentuch bedecken und an einem kühlen Ort (nicht im Kühlschrank) 2–3 Tage ruhen lassen. • Für den Teig das Mehl in eine Rührschüssel sieben. Zucker, Salz und Zitronenschale dazugeben und untermischen. • Auf eine Arbeitsfläche geben, eine Mulde in die Mitte drücken. Die Butter hineingeben und mit den Fingern unter das Mehl arbeiten, so dass eine feinkrümelige Masse entsteht. • Die Eier hinzufügen und alles zügig zu einem Teig verarbeiten. Zu einer Kugel formen, in Frischhaltefolie wickeln und für 1 Stunde in den Kühlschrank stellen. • Den Teig in zwei Portionen teilen (eine Portion sollte etwas größer sein). Die Portionen zu zwei runden Teigplatten ausrollen. Zu zwei Kreisen von 24 cm und 28 cm Durchmesser zurechtschneiden. (Eventuell entsprechend große Topfdeckel zu Hilfe nehmen). • Ein Backblech mit Backpapier auslegen und den kleineren Kreis vorsichtig darauflegen. • Die Füllung umrühren und auf dem Teigboden verteilen. Dabei einen 1 cm breiten Rand frei lassen. Mit dem großen Kreis bedecken. Die Teigränder fest zusammendrücken, überstehenden Teig abschneiden. • Im vorgeheizten Backofen bei 190 °C (Umluft 170 °C) 25 Minuten backen. • Den abgekühlten Kuchen großzügig mit gesiebtem Puderzucker bestäuben.

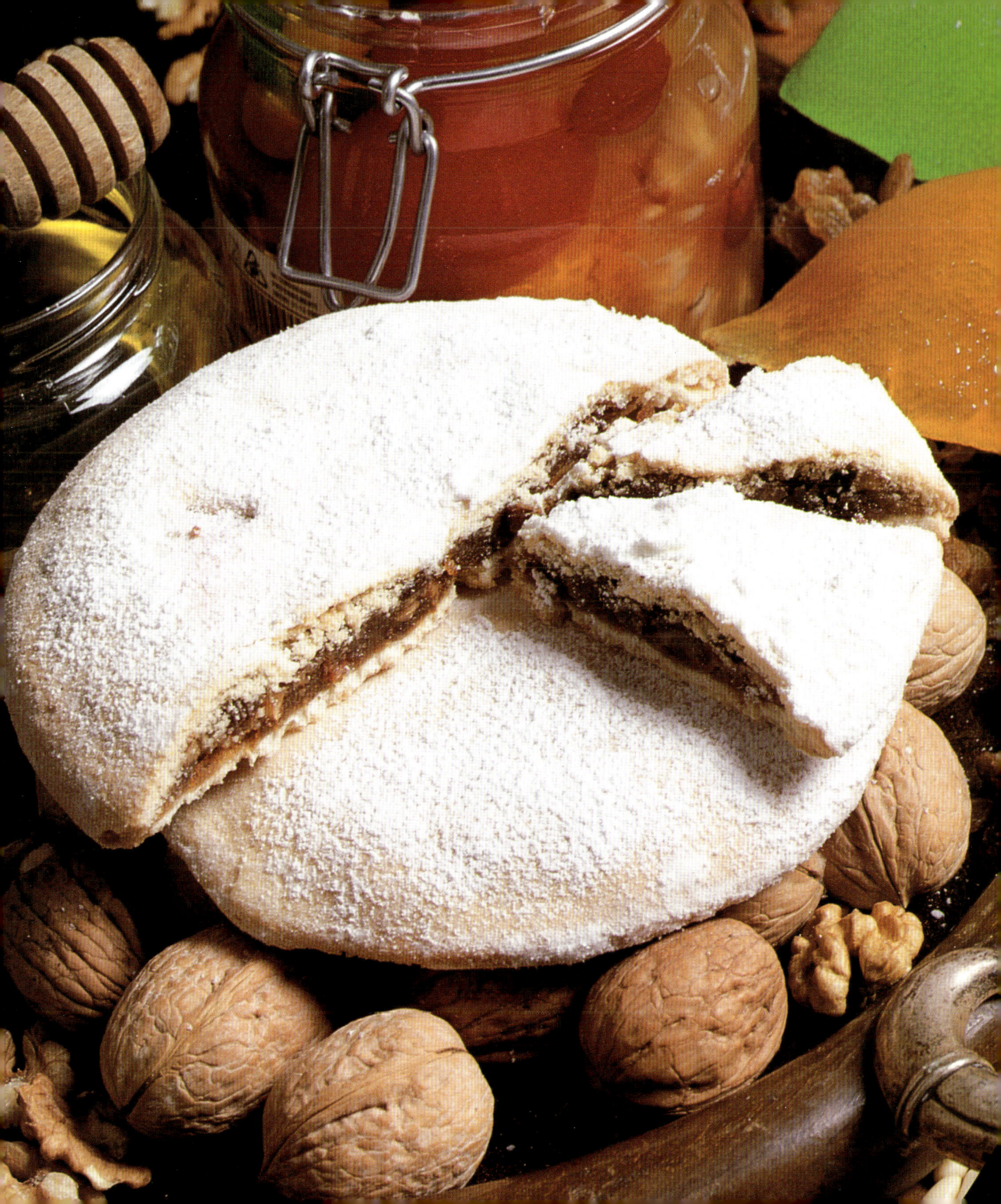

Pellegrino Artusi

Artusi – der Vater der italienischen Küche

Pellegrino Artusi wurde 1820 als Sohn eines Lebensmittelhändlers in Forlimpopoli in der Emilia Romagna geboren. Im Jahr 1851 zog die Familie nach Florenz, wo der junge Artusi Bankier wurde. Erst mit knapp 60 Jahren sollte er sich leidenschaftlich der Kochkunst widmen. Mit der für ihn typischen Genauigkeit beschloss er, an dieses Thema wissenschaftlich heranzugehen. Ein junger Koch und ein Kellner unterstützen ihn dabei, als er mit großer Sorgfalt Rezepte wieder und wieder ausprobierte und langsam ein Kochbuch zusammenstellte. Obwohl das Buch *La scienza in cucina e l'arte di mangiare bene (Der Artusi. Von der Wissenschaft des Kochens und der Kunst des Genießens.)* Artusis Vorliebe für die Küche der Toskana und der Emilia widerspiegelt, sind auch Rezepte aus allen Regionen Italiens enthalten. Das war der erste Versuch, die italienische Küche als Ganzes zu präsentieren. Artusi veröffentlichte es 1891 auf eigene Kosten und schenkte es seinen Freunden und Bekannten. Mit der Zeit fand es immer größeren Anklang, wurde zu einem Symbol des vereinten Italien und zum Klassiker der Kochliteratur.

In der Einleitung zu seinem Buch erklärt der Autor seine Liebe für „das Schöne und das Gute, wo auch immer man ihm begegnet". Er beschreibt sich selbst als Amateurkoch, der für all jene leicht verständlich schreibe, die ohne große Vorkenntnisse und Erfahrungen kochen wollten. Artusi bekräftigt außerdem, dass er kein großer Esser ist und gewiss kein Vielfraß. Dies scheint jedoch wenig glaubhaft, bedenkt man, mit welcher Besessenheit er jahrelang Rezepte sammelte und ausprobierte. Des Weiteren warnt Pellegrino davor, Kochbüchern allzu großen Glauben zu schenken, denn „sie sind fast immer unzuverlässig und unverständlich, im Besonderen die italienischen". Später erklärt er französische Kochbücher für die besseren, doch nur, wenn der Kochschüler bereits einige Erfahrung besitzt und Vorschläge verstehen und ausprobieren kann. Außerdem ermutigt der Autor seine Leser, Ausdauer zu beweisen, und verweist auf seine eigenen Erfahrungen als Junggeselle und Menschenfeind.

Pellegrino Artusi

Artusis Vorliebe für die Küche der Toskana und der Emilia zeigt sich in seinen Abwandlungen typischer süditalienischer Gerichte: Er reduzierte die verwendete Menge an Knoblauch, Zwiebeln, Gewürzen und Pfeffer und fügte deutlich mehr Fleisch, Butter und Saucen hinzu – in Übereinstimmung mit den Küchen Mittel- und Norditaliens. Sein Buch war für das Bürgertum geschrieben, deren Vertreter ihren neuerlangten Reichtum zur Schau stellen wollten und es sich leisten konnten, die von Artusi empfohlenen teuren Lebensmittel zu kaufen.

ARTUSIS OBSTKUCHEN

Obwohl Artusi betonte, dass er kein übermäßiger Esser sei, hegte er doch offensichtlich eine große Vorliebe für Kuchen und Desserts mit Obst. Den einfachen süßen Teig empfahl er auch als Boden für feine Obstkuchen.

275 g Mehl
125 g Puderzucker
100 g weiche Butter
50 g weiches Schweineschmalz
4 Eigelb
1 TL abgeriebene unbehandelte Orangenschale (nach Belieben)
1 Glas Marmelade (Himbeere, Erdbeere oder Pflaume)

Mehl, Puderzucker, Butter, Schweineschmalz, Eigelb und Orangenschale (falls verwendet) in einer Schüssel zügig mit den Fingern zu einem glatten Teig verarbeiten. (Den Teig so wenig wie möglich kneten, damit er locker bleibt.) • Eine Kugel formen, in Frischhaltefolie wickeln und mindestens 30 Minuten ruhen lassen. • Den Teig in zwei Portionen teilen. (Die eine Portion sollte doppelt so groß sein wie die andere.) Die größere Portion zu einer runden Teigplatte ausrollen und eine Obstkuchenform damit auskleiden. • Den Teigboden mehrmals mit einer Gabel einstechen und mit der Marmelade bestreichen. • Die zweite Portion ebenfalls ausrollen und in Streifen schneiden. Die Teigstreifen gitterartig über der Marmelade verteilen. • Im vorgeheizten Backofen bei 180 °C (Umluft 160 °C) etwa 30 Minuten backen. • Heiß oder von Raumtemperatur servieren.

In seinem Kochbuch beschränkte sich Artusi nicht auf eine Sammlung von Rezepten, sondern fügte Anekdoten über Gebräuche, historische Details, Bemerkungen zur Ernährung und nützliche Ratschläge für Mütter und Hausfrauen hinzu. Pellegrino Artusi erkannte als erster Italiener die Bedeutung einer familiären Kochtradition, die in kleinen Heftchen mit hineingekritzelten Rezepten und damit verbundenen Erinnerungen festgehalten wurde. So konnte man als Anmerkung zu einem Rezept für Kroketten etwa lesen: „Bei den Ribolinis gegessen".

Dolci

Zalett
Maiskekse mit Pinienkernen und Sultaninen

Für 6 Personen
Vorbereitungszeit: 40 Minuten
Garzeit: 15 Minuten
Schwierigkeitsgrad: einfach

300 g sehr feines Maismehl
200 g Mehl
100 g feiner Zucker
1 Prise Salz
Abgeriebene Schale von 1 unbehandelten Zitrone
150 g Butter, in Flöckchen zerteilt
60 ml Milch
100 g kernlose Sultaninen, in Wasser eingeweicht, abgetropft und ausgedrückt
60 g Pinienkerne
Butter und Mehl für das Backblech
Puderzucker

Die beiden Mehlsorten in eine Rührschüssel sieben, mit Zucker, Salz und Zitronenschale vermischen. • Auf eine Arbeitsfläche geben. Eine Mulde in die Mitte drücken und Butter und Milch hineingeben. • Nach und nach mit den Fingern unter das Mehl arbeiten, so dass ein fester Teig entsteht. Bei Bedarf mehr Milch zugießen. • Sultaninen und Pinienkerne unter den Teig kneten. • Jeweils etwa walnussgroße Teigstücke zu Kugeln formen und leicht flachdrücken. • Ein Backblech (bei Bedarf mehrere Bleche) einfetten und mit Mehl bestäuben. Die Kekse mit reichlich Abstand darauf verteilen. • Im vorgeheizten Backofen bei 200 °C (Umluft 180 °C) 15 Minuten backen. • Auf einem Kuchengitter abkühlen lassen. Mit gesiebtem Puderzucker bestäuben und servieren.

Die leckeren Maismehlkekse gehen auf ein altes Rezept aus der Romagna zurück. Für zusätzliches Aroma etwas Vanille-Essenz mit der Milch verrühren.

Torta di riso
Feiner Reiskuchen

Die Milch mit 1 Prise Salz in einem Topf mit schwerem Boden zum Kochen bringen. • Den Reis hineingeben und bei schwacher Hitze weichgaren, gelegentlich umrühren. • Vom Herd nehmen. Zuerst den Zucker, dann die Zitronenschale unterrühren und den Reis abkühlen lassen. • Mandeln, Mandel-Essenz sowie das Eigelb untermischen. • Das Eiweiß mit 1 Prise Salz sehr steif schlagen. Mit einem Metalllöffel unter die Reismischung heben. • Eine Springform (Durchmesser 26 cm) mit Butter einfetten und mit Semmelbröseln ausstreuen. Die Reismischung hineinfüllen. • Im vorgeheizten Backofen bei 180 °C (Umluft 160 °C) 40 Minuten backen.

Für 6 Personen
Vorbereitungszeit: 45 Minuten +
Zeit zum Abkühlen
Backzeit: 1 Stunde
Schwierigkeitsgrad: relativ einfach

1 l Milch
Salz
250 g Reis (vorzugsweise Arborio oder Milchreis)
80 g feiner Zucker
Abgeriebene Schale von 1 unbehandelten Zitrone
100 g Mandeln, geröstet und fein gehackt
2–3 Tropfen Mandel-Essenz
4 Eier, getrennt
Butter und feine Semmelbrösel für die Form

Heutzutage wird dieser feine Kuchen aus der Emilia auch mit einem dünnen Teigboden gebacken. Traditioneller ist jedoch das angegebene Rezept.

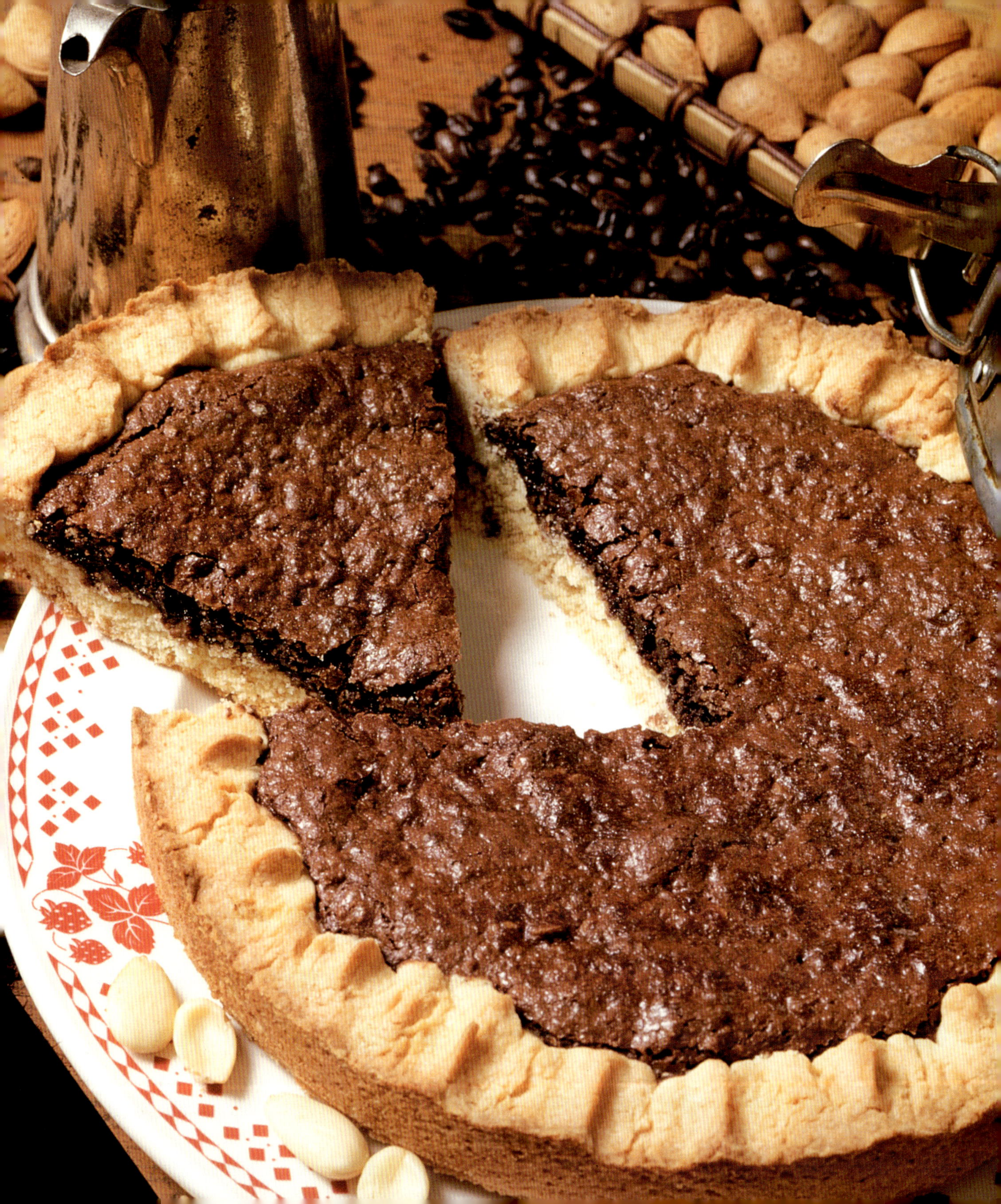

Dolci

Torta nera
Dunkler Kuchen

Für 4–6 Personen
Vorbereitungszeit: 45 Minuten
Backzeit: 45 Minuten
Schwierigkeitsgrad: relativ einfach

Das Mehl in eine Rührschüssel sieben und mit Salz, Zucker und Backpulver vermischen. • Auf eine Arbeitsfläche geben. Eine Mulde in die Mitte drücken und die Butter hineingeben. • Die Butter mit den Fingern unter die Mehlmischung arbeiten, so dass eine feinkrümelige Masse entsteht. • Das Eigelb und den Likör oder Rum hinzufügen und alles zu einem geschmeidigen Teig verarbeiten. • Für die Füllung die Mandeln in einer Schüssel mit dem Zucker und dem gesiebten Kakao vermischen. Eigelb und Kaffee gründlich untermischen. • Den Teig ausrollen. Eine Springform (Durchmesser 26 cm) mit Butter einfetten und mit Mehl bestäuben. Mit dem ausgerollten Teig auskleiden. • Mit den Fingern einen hübschen wellenförmigen Teigrand formen. • Die Füllung auf dem Teigboden verteilen, aber nicht glattstreichen. • Im vorgeheizten Backofen bei 180 °C (Umluft 160 °C) 35 Minuten backen. • Warm servieren.

250 g Mehl
1 Prise Salz
75 g feiner Zucker
2 TL Backpulver
125 g Butter, in Flöckchen zerteilt
2 Eigelb
2 EL Sassolino oder Rum

Für die Füllung:
150 g Mandeln, fein gehackt und geröstet
150 g feiner Zucker
75 g Kakao
2 Eigelb
75 ml starker Kaffee, abgekühlt

Aus San Secondo in der Provinz Parma stammt diese Kuchenspezialität. Der gebackene Kuchenboden ist sehr brüchig, darum sollte man den Kuchen sehr vorsichtig aus der Form nehmen.

Dolci

Budino di riso dell'Artusi
Reispudding nach Artusi

In einem Topf die Milch mit der Vanillestange zum Kochen bringen. Den Reis hineingeben und 10 Minuten bei schwacher Hitze garen. • Zucker, Sultaninen, kandierte Früchte, Salz und Butter hinzufügen. • Den gegarten Reis vom Herd nehmen und abkühlen lassen. • Die Eier und die Eidotter nacheinander, dann den Rum oder Weinbrand unterrühren. • Eine Puddingform mit Butter einfetten und mit Semmelbröseln ausstreuen. Die Reismischung hineinfüllen. • Im vorgeheizten Ofen bei 180 °C (Umluft 160 °C) 35 Minuten backen. • Auf einen Teller stürzen und noch warm servieren.

Für 8 Personen
Vorbereitungszeit: 15 Minuten
Backzeit: 35 Minuten
Schwierigkeitsgrad: einfach

1 l Milch
1 Vanillestange
150 g Reis (vorzugsweise Arborio oder Milchreis)
100 g Zucker
100 g Sultaninen
30 g kandierte Früchte, gehackt
1 Prise Salz
1 EL Butter
2 Eier, zusätzlich 2 Eigelb
250 ml Rum oder Weinbrand
2 EL Butter für die Puddingform
4 EL Semmelbrösel

Empfohlener Wein: ein halbtrockener oder trockener perlender Weißwein (Albana di Romagna)

L'arte di mangiar bene (Die Kunst der guten Küche) von Pellegrino Artusi wurde 1891 erstmals veröffentlicht und ist bis heute das meistverkaufte Kochbuch Italiens. Artusi gebührt viel Anerkennung dafür, als Erster 790 traditionelle Rezepte aus der Toskana und der Emilia Romagna gesammelt zu haben. Hier eines seiner klassischen Desserts.

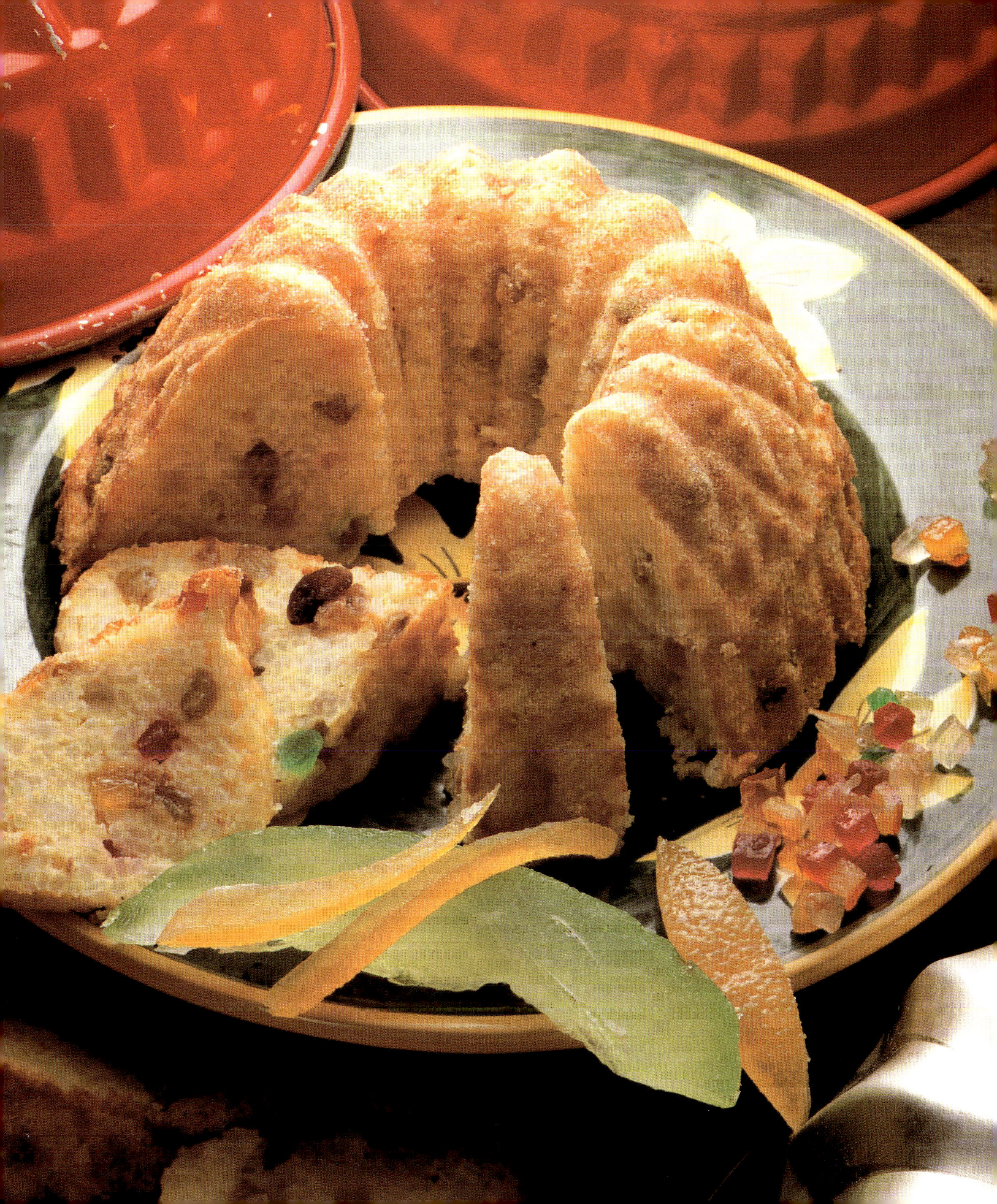

Reisetipps

Ein paar kleine Tipps für alle, die die Region selbst erforschen möchten:

ZUM WOHNEN:

La Torre
Via Cervetta, 5
4110 Modena
Tel: 0039 - 059 - 22 26 15
Fax: 0039 - 059 - 21 63 16
Jugendstilhotel im historischen Stadtzentrum, bezahlbar

Hotel Orologio
Via IV Novembre, 10
40123 Bologna
Tel: 0039 - 051 - 23 12 53
Fax: 0039 - 051 - 26 05 52
Nicht gerade preisgünstig, dafür komfortabel und mitten im Zentrum

Il Palazzo
Via Baccagnano, 110
48013 Brisighella
Tel. und Fax: 0039 - 0546 - 80 338
Für Ausflüge im Küstenstreifen der Romagna; winzig, charmant, zudem preiswert und mit guter Küche

RESTAURANTS:

Vecchia Chitarra
Via Ravenna, 13
44100 Ferrara
Tel: 0039 - 0532 - 62 204
Rustikal und familiär; Spezialität sind die hausgemachten Teigwaren

Osteria di Rubbiora
Via Risaia, 2
41015 Nonantola (bei Modena)
Tel: 0039 - 059 - 54 90 19
Hier werden traditionelle, unverfälschte Gerichte serviert; auch Verkauf der eigenen Weine und der gutseigenen Produkte

Colombo
Via Mogadischo, 19
43010 Santa Franca
Tel: 0039 - 0524 - 98 114
Vor allem für die Salamispezialitäten bekannt

WEIN:

Bottega del vino Olindo
Via Altabella 15/8
40123 Bologna
Tel: 0039 - 051 - 22 32 71
Großes Weinangebot, vor allem Lambrusco und Sangiovese, auch kleines Restaurant

Enoteca Ca' de Ven s.a.s
Via Corradoricci 24
48100 Ravenna
Tel: 0039 - 0544 - 30 163
Weinprobe und Weinverkauf in einem alten Palazzo

Enoteca Galvani s.r.l
Via Emilia Est, 23
43100 Parma
Tel: 0039 - 0521 - 24 33 99 oder 24 46 61
Schöne Auswahl an Weinen, auch Olivenöl und Essig

GESCHÄFTE FÜR LOKALE PRODUKTE:

Salsamentaria Bolgnese Tamburini
Via Caprarie, 1
40123 Bologna
Das berühmte Delikatessengeschäft mit allen klassischen Spezialitäten

Consorzio di aceto balsamico
Via Ganaceto, 34
41100 Modena
Tel: 0039 - 059 - 20 82 85
Überwacht die traditionsgemäße Herstellung der Essigspezialität; hier erhalten Sie Adressen von Erzeugern, die ihre Produkte im Direktverkauf anbieten

Gastronomia Garibaldi
Via Garibaldi, 42
43100 Parma
Tel: 0039 - 0521 - 23 56 06
Köstliche Wurstwaren, *parmigiano* und fertig zubereitete Spezialitäten

Register

Amaretti-Schokoladen-Kuchen 106
Anguilla all'uso di Comacchio 83
Arista alla reggiana 64
Artusi, Pellegrino 110–111
Asparagi alla parmigiana 98
Ausgebackene Mortadella 19

Balsamessig 92–93
Bensone 103
Biskuit-Creme-Kuchen 101
Bomba di riso alla piacentina 49
Brodetto dell'Adriatico 62
Brühe mit Käsenocken 37
Budino di riso dell'Artusi 116

Canocchie ripiene 86
Cappellacci di zucca 36
Cappellacci mit Kürbisfüllung 36
Cappelletti di magro romagnoli 33
Cappone ripieno 73
Cassoni 16
Costolette alla parmigiana 65
Cotechino in galera 82
Cotolette alla bolognese 61
Crescenti 18

Cristoforo und die Herzöge von Este in Ferrara 76–77

Deftige Fischsuppe 62
Dunkler Kuchen 115

Eingelegte Auberginen 95
Erbazzone 24

Fegato all'aceto balsamico 71
Feine Kalbsrouladen 67
Feiner Reiskuchen 113
Feldsalat mit Balsamessig 26
Fladenbrot 15
Fladenbrote 22–23
Fleischsauce 40
Frische Bandnudeln mit Schinken 55
Frische Pasta 46–47
Frittatine all'aceto balsamico 31
Fritto alla Garisenda 81
Frizon 99

Garganelli con ragù e pisellini 44
Garganelli mit Fleischsauce und Erbsen 44
Gebackene Gemüsetaschen 16

Gebratene Rotbarben 87
Gebratener Kapaun mit pikanter Füllung 73
Gebratener Kürbis 96
Gebratene Weißbrotscheiben mit Käse und Schinken 81
Gedünsteter Aal aus Comacchio 83
Gefüllte Cappelletti aus der Romagna 33
Gefüllte Zucchini 90
Gefüllter Schweinefuß mit Linsen 79
Gelato di Parmigiano 27

Herzhafte Muschelsuppe 52
Herzhafte Roulade mit Cotechino 82
Huhn nach Jägerart 70

Insalata all'aceto balsamico 26

Kalbsleber mit Balsamessig 71
Kalbsschnitzel Bologneser Art 61
Kalte Kalbfleischterrine 74
Kartoffel-Käse-Auflauf 94
Kartoffelkuchen 29

Register

Koteletts nach Parma Art 65
Kuchen aus Modena 103

Lasagne alla bolognese 38
Lasagne Bologneser Art 38

Maiskekse mit Pinienkernen und Sultaninen 112
Makkaroni-Kuchen aus Ferrara 56
Malmaritati 43
Melanzane marinate 95
Mortadella fritta 19

Parmaschinken 84–85
Parmaschinken mit Melone 30
Parmesan 40–41
Parmesan-Eiscreme 27
Passatelli 37
Pasta mit Käsefüllung 48
Pasta ripiena alla brisighellese 48
Pasticcio alla ferrarese 56
Piadina 15
Pollo alla cacciatora 70
Pikant gefüllte Pasta-Roulade 50
Pikante Mangoldpastete 24
Pikantes Schmalzgebäck 18

Pikantes Zwiebel-Tomaten-Gemüse 99
Prosciutto con melone 30

Radicchio all'aceto balsamico 89
Radicchio mit Speck und Balsamessig 89
Reis Piacenzer Art 49
Reis-Kürbis-Pastete 20
Reispudding nach Artusi 116
Rifreddo 74
Risotto all'anguilla 58
Risotto col pesce San Pietro 59
Risotto mit Aal 58
Risotto mit Petersfisch 59
Rossal 87
Rotolo ripieno 50

Sappole 105
Scampi mit Kräuterkruste 86
Schmalzgebäck 105
Schweinebraten aus Reggio Emilia 64
Spargel mit Parmesan 98
Spongata 108
Suppe mit Nudeln und Bohnen 43

Tagliatelle al prosciutto 55
Torta di amaretti e cioccolato 106
Torta di patate 29
Torta di riso 113
Torta di riso con la zucca 20
Torta nera 115
Tortelli alle erbette 53
Tortelli di marmellata 104
Tortelli mit Marmeladenfüllung 104
Tortelli mit Spinat-Ricotta-Füllung 53
Tortellini in brodo 35
Tortellini in Fleischbrühe 35
Tortino di patate 94

Valigini 67

Weihnachtskuchen 108
Weine der Emilia Romagna 68–69

Zalett 112
Zampone con lenticchie 79
Zucca fritta 96
Zucchine ripiene 90
Zuppa all'emiliana 101
Zuppa di poveracce 52